Gymnasium Bayern

À plus! 1

Nouvelle édition

Grammatikheft

mit Übungen

Cornelsen

À plus! 1 *Nouvelle édition* **Gymnasium Bayern**

Grammatikheft für den Französischunterricht

Im Auftrag des Verlages erarbeitet von
Gertraud Gregor

und der Redaktion Französisch
Julia Goltz (Projektleitung), Barbara Jantzen, Monika Schulze

Gesamtgestaltung und technische Umsetzung: werkstatt für gebrauchsgrafik, Berlin
Illustrationen: Paul Lalo, Laurent Lalo
Umschlagfotos: Cornelsen Denimal / Uzel (oben); Fotolia, Studio Photo AG – F1online – shutterstock, g215 – Fotolia, Hervé Marcilloux – Colourbox (unten von links nach rechts)

www.cornelsen.de

1. Auflage, 1. Druck 2018

Alle Drucke dieser Auflage sind inhaltlich unverändert
und können im Unterricht nebeneinander verwendet werden.

Druck: Firmengruppe APPL, aprinta Druck, Wemding

ISBN 978-3-464-24704-4

PEFC
PEFC/04-32-0928

PEFC zertifiziert
Dieses Produkt stammt aus nachhaltig bewirtschafteten Wäldern und kontrollierten Quellen.

www.pefc.de

Salut, ich heiße Filou und werde dich durch dein Grammatikheft begleiten. Hier findest du den gesamten Grammatikstoff von ***À plus!* 1**.

Unité 1 La rentrée

1 Ça va? Ça va.	Der Aussagesatz und die Intonationsfrage ohne Fragewort und mit nachgestelltem Fragewort	6
2 Je, tu, il, elle …	Die Personalpronomen	7
3 Je suis, tu es, il est …	Das Verb *être*	8

Wenn du wissen willst, wo du Erklärungen zu einem bestimmten Thema finden kannst, schlägst du im Inhaltsverzeichnis nach.

Les élèves sont **à la** cantine. (à + la cantine)
Jade est **à l'**infirmerie. (à + l'infirmerie)
Noah est **au** CDI. (à + le CDI)
Elles sont **aux** toilettes. (à + les toilettes)

Die Präposition ***à*** ziehst du mit den bestimmten Artikeln ***le*** und ***les*** zusammen.
Mit den bestimmten Artikeln ***la*** und ***l'*** wird ***à*** nicht zusammengezogen.

AUF EINEN BLICK à + la = à la ~~à + le~~ = **au**
à + l' = à l' ~~à + les~~ = **aux**

In jedem Abschnitt findest du zuerst französische Beispielsätze, in denen der neue Grammatikstoff fett gedruckt oder farbig hervorgehoben ist.
Im blauen Kasten findest du dann die Erklärung zu der neuen Grammatik und neben dem **AUF EINEN BLICK** die Kurzfassung der Regel.
Mein Tipp: Am besten lernst du diese Regel auswendig.

Intonation = Satzmelodie

Auf diesen Stickern findest du die Bedeutung von grammatischen Begriffen.

🇫🇷	une bouteille	d'	eau
🇬🇧	a bottle	of	water
🇩🇪	eine Flasche	—	Wasser

Manchmal ist etwas im Französischen ganz genauso wie im Deutschen oder wie im Englischen, manchmal aber auch ganz anders. Hier kannst du die Sprachen miteinander vergleichen.

Hast du das verstanden? ▶ Solutions, p. 59
Au, à la, à l' oder ***aux***? Setze die richtige Form ein.
1. la cantine → Les élèves sont ? cantine. 2. le gymnase → Le prof d'EPS est ? gymnase.
3. les toilettes → Lukas est ? toilettes. 4. l'infirmerie → Jade est ? infirmerie.

In den hellgrünen Kästen kannst du überprüfen, ob du die neue Grammatik verstanden hast. Die Lösungen findest du auf den Seiten 56–61.

6 Fais le point

Hier kannst du überprüfen, was du in der *Unité* 6 gelernt hast.

1 Complète par les verbes *prendre* et *comprendre*.

1. – Tu ? les  ? – Non, je ? le  .
2. – Tu ? le mot  ? – Non, je ne ? pas.

Die Rubrik *Fais le point* gibt es am Ende jeder *Unité*. Hier kannst du überprüfen, ob du die Grammatik der *Unité* beherrschst. Die Lösungen dazu findest du auf den Seiten 56–61.

52.1 Die Hilfsverben *avoir* und *être* | Les verbes auxiliaires *avoir* et *être*

infinitif		avoir		être
présent	j'	ai	je	suis
	tu	as	tu	es
	il/elle/on‿	a	il/elle/on‿	est

Auf den Seiten 51–55 findest du mehrere Übersichten, z. B. zu den Ausspracheregeln und den Verben, die du in ***À plus!* 1** lernst.

Viel Erfolg beim Französischlernen – und viel Spaß!

Unité 1 La rentrée

1	Ça va? Ça va.	Der Aussagesatz und die Intonationsfrage ohne Fragewort und mit nachgestelltem Fragewort	6
2	Je, tu, il, elle ...	Die Personalpronomen	7
3	Je suis, tu es, il est ...	Das Verb *être*	8
4	Le, la, l'	Der bestimmte Artikel und das Nomen im Singular	9
5	Les	Der bestimmte Artikel und das Nomen im Plural	10
	Fais le point		11

Unité 2 À la maison

6	Un, une, des	Der unbestimmte Artikel	12
7	Qu'est-ce qu'il y a?	Die Frage mit *qu'est-ce que*	12
8	Où est le shampoing?	Die Frage mit *où*	13
9	Jouer, regarder, écouter	Die Verben auf *-er*	13
10	Écoute, écoutez	Der Imperativ	14
	Fais le point		15

Module 2 Le français en classe (2)

11	Je lis, tu lis, il lit	Das Verb *lire*	16
12	J'écris, tu écris, il écrit	Das Verb *écrire*	16
	Fais le point		17

Unité 3 Ma famille

13	Mon père, ta mère, sa sœur ...	Der Possessivbegleiter	18
14	J'ai, tu as, il a ...	Das unregelmäßige Verb *avoir*	19
15	Il est joli. Elle est jolie.	Das Adjektiv	19
16	Qui est pour le lapin?	Die Frage mit *qui*	20
17	Quel livre?	Der Fragebegleiter *quel*	21
18	Que fait Noah?	Die Inversionsfrage mit Fragewort und Nomen	21
	Fais le point		22

Module 4 Il est quelle heure?

19	Il est sept heures et quart.	Die Uhrzeit	23

Unité 4 Mes copains et mes activités

20	Je fais, tu fais, il fait ...	Das unregelmäßige Verb *faire*	24
21	Je fais du sport.	Der zusammengezogene Artikel mit *de*	24
22	Je préfère, nous préférons ...	Das Verb *préférer*	25
23	J'aime la musique.	Das direkte Objekt nach den Verben *aimer, adorer, détester, préférer*	25
24	Il ne chante pas très bien.	Die Verneinung mit *ne ... pas*	26
25	J'appelle, nous appelons ...	Das Verb *appeler*	26
26	Je peux, tu peux, je veux, tu veux ...	Die unregelmäßigen Verben *pouvoir* und *vouloir*	27
27	Je dis, tu dis, il dit ...	Das Verb *dire*	28
28	Est-ce que tes parents sont d'accord?	Die Frage mit *est-ce que*	28
	Fais le point		29

Unité 5 Au collège

29 Il est au secrétariat.	Der zusammengezogene Artikel mit *à*	**30**
30 Notre collège, vos profs, leurs surveillants	Der Possessivbegleiter (2)	**30**
31 Je vais, tu vas, il va ...	Das unregelmäßige Verb *aller*	**31**
32 Il est bon en maths. Elle est nulle en SVT.	Die Adjektive *bon* und *nul*	**31**
33 Le lundi, il a sept heures de cours.	Die Wochentage mit und ohne bestimmten Artikel	**32**
34 Pourquoi est-ce que ...? ... parce que mon prof de français n'est pas là.	Die Frage mit *pourquoi est-ce que* und die Antwort mit *parce que*	**32**
35 Où est-ce que nous allons?	Die Frage mit Fragewort	**33**
36 Nous mangeons à la cantine.	Das Verb *manger*	**34**
37 Qu'est-ce que nous allons faire?	Das *futur proche*	**34**
38 Clara écrit à sa grand-mère.	Das indirekte Objekt	**36**
Fais le point		**37**

Unité 6 À Strasbourg

39 Nous commençons notre visite.	Das Verb *commencer*	**39**
40 Je prends, tu prends, il prend ...	Das unregelmäßige Verb *prendre*	**39**
41 Il ne mange plus. Il ne prend rien. Il n'a jamais faim.	Die Verneinung mit *ne ... plus / ne ... rien / ne ... jamais*	
42 On peut faire beaucoup de choses.	Die Mengenangaben mit *de*	**40**
Fais le point		**42**

Unité 7 On fait la fête!

43 J'achète, nous achetons ...	Das Verb *acheter*	**43**
44 Un kilo de farine.	Die Mengenangaben mit *de* (2)	**43**
45 On peut le faire ensemble.	Das direkte Objektpronomen	**44**
46 J'attends, tu attends, il attend, ...	Die regelmäßigen Verben auf *-re*	**45**
Fais le point		**46**

Module 8 À la gare

47 Où va ce train?	Der Demonstrativbegleiter	**47**

Unité 8 Vive les vacances!

48 On va à Paris pour monter à la tour Eiffel.	*Pour* mit Infinitiv	**48**
49 Quand il fait chaud, on va à la plage.	Der Nebensatz mit *quand*	**48**
50 Paris est une ville intéressante.	Das nachgestellte Adjektiv	**49**
Fais le point		**50**

Annexe

51 Les lettres et les sons	Buchstaben und Laute	**51**
52 La conjugaison des verbes	Die Konjugation der Verben	**52**
Solutions	Lösungen	**56**
Liste des expressions grammaticales	Liste der grammatischen Begriffe	**62**

La rentrée

1 Ça va? Ça va.

U1 V1, p. 16
V2, p. 18

Der Satz | La phrase

Fragesatz	Aussagesatz
Ça va?	Ça va.

Fragesätze und Aussagesätze sprichst du unterschiedlich: Beim Fragesatz hebst du die Stimme am Satzende an, beim Aussagesatz senkst du sie. Dieses Heben und Senken der Stimme nennt man Intonation.

Intonation = Satzmelodie

1.1 Ça va.

U1 V2, p. 18

Der Aussagesatz | La phrase déclarative

Subjekt	Verb	Ergänzung
Clara	est	l'amie de Yasmine.
Elle	est	en sixième.

Die Wortstellung im französischen Aussagesatz ist: Subjekt + Verb + Ergänzung.

1.2 Ça va?

U1 V1, p. 16
V2, p. 18

Die Intonationsfrage | L'interrogation par intonation

Vergiss beim Schreiben das Fragezeichen nicht.

Aussagesatz		Fragesatz
Ça va.	→	Ça va?
C'est Lukas.	→	C'est Lukas?
Il est de Berlin.	→	Il est de Berlin?

Beim Sprechen kannst du aus einem Aussagesatz ganz einfach einen Fragesatz bilden. Dazu brauchst du nur am Satzende die Stimme zu heben. Diese Frageform heißt Intonationsfrage.

AUF EINEN BLICK ansteigende Intonation: Fragesatz
fallende Intonation: Aussagesatz

1.3 Tu es d'où?

U1 V2, p. 18

Die Intonationsfrage mit nachgestelltem Fragewort | L'interrogation avec pronom interrogatif postposé

Tu es d'où? → Je suis de Strasbourg. Tu t'appelles comment? → Julia.

In der Intonationsfrage mit nachgestelltem Fragewort steht das Fragewort am Ende des Satzes. Die Stellung der übrigen Satzglieder ist die gleiche wie im Aussagesatz.

2 Je, tu, il, elle ...

U1 V2, p. 18
V3, p. 20

Die Personalpronomen | Les pronoms personnels

Yasmine est en sixième A. — Elle est en sixième A.

Noah est en cinquième B. — Il est en cinquième B.

Personalpronomen verwendest du anstelle von Personen oder Sachen.

Personalpronomen = persönliches Fürwort

1. Person Singular	**Je**	suis nouveau à Strasbourg.
2. Person Singular	**Tu**	es de Berlin?
3. Person Singular	**Il**	est en cinquième.
	Elle	est en sixième B.
	On	est en sixième A.
1. Person Plural	**Nous**	sommes à Strasbourg.
2. Person Plural	**Vous**	êtes en cinquième A?
3. Person Plural	**Ils**	sont en sixième A.
	Elles	sont en sixième B.

2.1 On

Clara et moi, **on** est en sixième A.
Clara und ich, <u>wir</u> sind in der sixième A.

On ist ein Personalpronomen der 3. Person Singular. Im gesprochenen Französisch wird ***on*** oft anstelle von ***nous*** („wir") verwendet. Es kann aber auch „man" bedeuten.

2.2 Vous

Clara und Yasmine, seid <u>ihr</u> in der sixième A?

Sind <u>Sie</u> der Französischlehrer?

Herr und Frau Goll, sind <u>Sie</u> aus Berlin?

Im Französischen steht ***vous*** für „ihr" und für „Sie". Mit ***vous*** wendest du dich an mehrere Personen, die du duzt (Bild 1), an eine Person, die du siezt (Bild 2) und auch an mehrere Personen, die du siezt (Bild 3). Das ist im Deutschen also komplizierter als im Französischen und im Englischen: immer ***vous*** bzw. ***you***.

2.3 Ils, elles

1 

Lukas und Simon
Ils sont en sixième A.

2 

Yasmine und Clara
Elles sont en sixième A.

3 

Noah und Jade
Ils sont en cinquième.

Im Französischen gibt es in der 3. Person Plural ein männliches und ein weibliches Personalpronomen, im Deutschen nicht. ***Ils*** und ***elles*** übersetzt du immer mit „sie".
Du verwendest ***ils*** für mehrere männliche Personen und Sachen und für gemischte (männliche und weibliche) Gruppen.
Du verwendest ***elles*** nur für mehrere weibliche Personen oder Sachen.

AUF EINEN BLICK

ils
ils
elles

sie

they

Hast du das verstanden? ▶ Solutions, p. 56

Ersetze die Namen durch die richtigen Personalpronomen.
1. Lukas est de Berlin. 2. Noah et Jade sont en cinquième. 3. Lukas et Théo sont en sixième A. 4. Yasmina et Clara sont cool. 5. Amandine est aussi dans la classe de Clara.

3 Je suis, tu es, il est ...

U1 V2, p. 18
V3, p. 20

Das Verb *être* | Le verbe *être*

1. Person Singular	**Je**	**suis**	Stéphane Martel.
2. Person Singular	**Tu**	**es**	de Strasbourg.
	Il	**est**	de Berlin.
3. Person Singular	**Elle**	**est**	en cinquième.
	On	**est**	ensemble.
1. Person Plural	**Nous**	**sommes**	à Strasbourg.
2. Person Plural	**Vous**	**êtes**	en cinquième B?
3. Person Plural	**Ils**	**sont**	en sixième A.
	Elles	**sont**	aussi en sixième A.

Être ist ein unregelmäßiges Verb. Das bedeutet, dass es eine besondere Konjugation hat, die du bei keinem anderen Verb wiederfindest.

Konjugation = Beugung, Anpassen des Verbs an die Person („sein" → „ich bin")

4 Le, la, l'

U1 V2, p. 18
V3, p. 20

Der bestimmte Artikel und das Nomen im Singular | L'article défini et le nom au singulier

Im Französischen und im Deutschen stehen Nomen (z. B. „Schule", „Lehrer", „Klasse", „Buch") fast nie alleine. Sie werden meistens von anderen Wörtern begleitet („eine Schule", „der Lehrer", „meine Klasse", „dieses Buch".) Diese Wörter heißen Begleiter. Einer dieser Begleiter ist der bestimmte Artikel.

	männliche Nomen	weibliche Nomen
mit Konsonant	le garçon	la fille
mit Vokal	l'ami	l'amie

Konsonant = Mitlaut (b, d, f, ...)

Vokal = Selbstlaut (a, e, i, o, u)

Im Französischen gibt es nur männliche und weibliche Nomen.
Der bestimmte Artikel für männliche Nomen ist ***le***.
Der bestimmte Artikel für weibliche Nomen ist ***la***.
L' (***l'apostrophe***) steht vor allen Nomen (männlichen und weiblichen), die mit einem Vokal beginnen.

AUF EINEN BLICK Vor Vokal werden ***le*** und ***la*** zu ***l'***.

le bonbon – das Bonbon
le chocolat – die Schokolade
la photo – das Foto

Das Geschlecht deutscher und französischer Nomen stimmt nicht immer überein.

Wie soll ich das denn lernen?

Du trägst einfach die Nomen mit dem bestimmten Artikel farbig in dein Vokabelheft ein: die weiblichen Nomen rot und die männlichen Nomen blau.
le garçon – der Junge
la fille – das Mädchen

Hast du das verstanden?

▶ Solutions, p. 56

Schreibe den richtigen bestimmten Artikel vor die folgenden Nomen:
? école, ? cour, ? garçon, ? fille, ? surveillant, ? ami, ? amie, ? classe

5 Les

U1 V3, p. 20

Der bestimmte Artikel und das Nomen im Plural | L'article défini et le nom au pluriel

Les élèves et **les** surveillants sont dans la cour.

	männliche Nomen		weibliche Nomen	
	mit Konsonant	mit Vokal	mit Konsonant	mit Vokal
Singular	le garçon	l'ami	la fille	l'amie
Plural	**les** garçon**s**	**les‿**ami**s**	**les** fille**s**	**les‿**amie**s**

Männliche und weibliche Nomen haben im Plural denselben Artikel: ***les***.
Die Nomen enden im Plural meistens auf ***-s***. Das ***-s*** von ***les*** und das ***-s*** am Ende des Nomens werden nicht ausgesprochen.

AUF EINEN BLICK
- bestimmter Artikel im Plural: ***les***
- Pluralform des Nomens: ***-s*** anhängen

les‿amis
les‿élèves

Bei Nomen, die mit einem Vokal beginnen, wird das ***-s*** von ***les*** stimmhaft ausgesprochen (gesummt) und mit dem folgenden Vokal verbunden. Das nennt man die Bindung (*la liaison*). Sie wird mit diesem Zeichen angezeigt: ‿.

Hast du das verstanden?

▶ Solutions, p. 56

Setze die Nomen in den Plural und lies sie vor.
le garçon, la fille, l'élève, le professeur, l'ami, l'amie, la cour, la classe, le surveillant, l'école, l'effaceur, le cahier, le stylo, la règle, le crayon, le classeur

Hier kannst du überprüfen, was du in der *Unité* 1 gelernt hast.

1 Ergänze die Sätze mit den passenden Personalpronomen.

1

Voilà Lukas Goll. ? est de Berlin.

2

– Tu t'appelles comment?
– ? m'appelle Théo.

3

– Lukas et Théo, ? êtes en sixième B?
– Non, ? sommes en sixième A.

4

– La fille, c'est qui?
– C'est Lara. ? est dans la classe de Lukas.

5

Voilà Yasmine et Clara. ? sont en sixième A.

6

Clara et moi, ? est en sixième A. ? est ensemble.

7

– C'est qui?
– Jade et Noah. ? sont en cinquième.

8

Salut! Yasmine, Lukas et moi, ? est les amis de Théo!

2 Setze die richtige Form von *être* ein.

1. – Je m'appelle Lukas. Je ? de Berlin.
   – Tu ? en cinquième?
   – Non, je ? en sixième.
2. – Et vous, vous ? aussi en sixième?
   – Non, nous ? en cinquième.
3. – Théo ? de Paris?
   – Non, il ? de Strasbourg.
4. Yasmine et Clara ? en sixième A. Elles ? ensemble.
5. Lukas et Théo ? dans la cour.

3 *Le, la, l'* oder *les*? Setze den richtigen Artikel vor die Nomen.

? garçon	? garçons	? surveillants	? école	? règle
? fille	? classe	? amis	? amies	? élève
? élèves	? écoles	? crayon de couleur	? effaceurs	? cour
? stylo	? effaceur	? surveillant	? professeurs	? cahiers
? amie	? cahier	? récréation	? classeur	? filles

▶ Solutions, p. 56

Unité 2 À la maison

6 Un, une, des

U2 V1, p. 32

Der unbestimmte Artikel | L'article indéfini

	männliche Nomen		weibliche Nomen	
Singular	**un** garçon ein Junge	**un**‿ami ein Freund	**une** fille ein Mädchen	**une** amie eine Freundin
Plural	**des** garçons — Jungen	**des**‿amis — Freunde	**des** filles — Mädchen	**des**‿amies — Freundinnen

Un steht vor männlichen Nomen, ***une*** steht vor weiblichen Nomen.
Im Plural lautet der unbestimmte Artikel ***des***.

AUF EINEN BLICK

Unbestimmter Artikel	Singular	Plural
	un garçon	**des** garçons
	une fille	**des** filles

🇫🇷	**des** lampes	**des** pierres
🇩🇪	— Lampen	— Steine
🇬🇧	— lamps	— stones

Der unbestimmte Artikel im Plural ***des*** ist eine französische Spezialität.

L'armoire, l'ordinateur ...
Wie soll ich mir denn merken, ob diese Nomen männlich oder weiblich sind?

Lerne Nomen, die mit einem Vokal beginnen, immer mit dem unbestimmten Artikel. Denn am unbestimmten Artikel kannst du das Geschlecht erkennen.
Une armoire, un ordinateur!

Hast du das verstanden? ▶ Solutions, p. 56

Un, une oder ***des***? Setze den richtigen unbestimmten Artikel vor die Nomen.

? lampe, ? bureau, ? posters, ? étagère, ? chaise, ? ordinateur, ? armoire, ? lit, ? photos, ? guitare, ? pierres, ? globe, ? professeur, ? école, ? élèves

7 Qu'est-ce qu'il y a?

U2 V1, p. 32
V3, p. 39

Die Frage mit *qu'est-ce que* | L'interrogation avec *qu'est-ce que*

Qu'est-ce qu'il y a?	Was gibt es?	**Qu'est-ce qu'**elle écoute?	Was hört sie?
Qu'est-ce que tu fais?	Was machst du?	**Qu'est-ce que** vous regardez?	Was schaut ihr?

Mit ***qu'est-ce que*** fragst du nach Sachen. ***Qu'est-ce que*** übersetzt du mit „was".
Vor einem Vokal wird ***qu'est-ce que*** zu ***qu'est-ce qu'***.

8 Où est le shampoing?

U2 V2, p. 36

Die Frage mit *où* | L'interrogation avec *où*

Où est le shampoing? — Wo ist das Shampoo?
Où sont les biscuits? — Wo sind die Kekse?

Mit ***où*** fragst du nach einem Ort. ***Où*** übersetzt du mit „wo". Wie im Deutschen folgt auf das Fragewort ***où*** zuerst das Verb und dann das Subjekt.

Où heißt „wo" und ***ou*** heißt „oder". Wie soll ich mir das denn merken?

Mit einem Spruch: Auf dem „wo" sitzt ein Floh.

Hast du das verstanden?

▶ Solutions, p. 56

Frage nach, wo sie sind.

1. ? Clara? 2. ? les livres? 3. ? Karim et Bilal? 4. ? le cahier?

9 Jouer, regarder, écouter

U2 V3, p. 39

Die Verben auf *-er* | Les verbes en *-er*

	regarder Stamm	Endung		**écouter** Stamm	Endung
je	regard	**e**	j'	écout	**e**
tu	regard	**es**	tu	écout	**es**
il/elle/on	regard	**e**	il/elle/on‿	écout	**e**
nous	regard	**ons**	nous‿	écout	**ons**
vous	regard	**ez**	vous‿	écout	**ez**
ils/elles	regard	**ent**	ils/elles‿	écout	**ent**

Beginnt das Verb mit einem Vokal, wird ***je*** zu ***j'***.

Die meisten französischen Verben enden im Infinitiv auf ***-er***. Sie heißen regelmäßige Verben auf ***-er***, weil sie alle gleich konjugiert werden.

Infinitiv = Grundform des Verbs

AUF EINEN BLICK Verben auf ***-er***: Verbstamm + ***-e***, ***-es***, ***-e***, ***-ons***, ***-ez***, ***-ent***

Bei den Verben auf ***-er*** klingen diese vier Personen gleich!

Hast du das verstanden?

▶ Solutions, p. 56

Konjugiere die Verben ***jouer***, ***chercher*** und ***téléphoner*** schriftlich.

10 Écoute. Écoutez.

U2 V3, p. 39

Der Imperativ | L'impératif

Mit dem Imperativ kannst du jemanden auffordern, etwas zu tun:
„Clara, schau an die Tafel!"

Imperativ = Befehlsform

1

Clara, schau an die Tafel.

2

Lukas und Théo, hört zu.

3

Schauen Sie, Herr Martel.

4

Lasst uns die Fotos anschauen.

AUF EINEN BLICK So bildest du den Imperativ:

Du forderst eine Person auf, die du duzt:	1. Pers. Sg.	~~je~~ regarde → regarde
Du forderst eine Person auf, die du siezt:	2. Pers. Pl.	~~vous~~ regardez → regardez
Du forderst mehrere Personen auf:	2. Pers. Pl.	~~vous~~ regardez → regardez

Es gibt auch eine Aufforderung, in die du dich mit einbeziehst („Lasst uns die Fotos anschauen!"). Für diese Aufforderung verwendest du die Verbform der 1. Person Plural (***regardons***). Sie wird aber nur sehr selten gebraucht.

Hast du das verstanden?

▶ Solutions, p. 56

Setze die passende Imperativform ein.

1. Jade et Noah, ? . (*chanter*), 2. Clara, ? dans le livre. (*regarder*), 3. Lukas, ? avec Théo. (*jouer*), 4. Monsieur Fabre, ? le CD. (*écouter*)

Hier kannst du überprüfen, was du in der *Unité* 2 gelernt hast.

1 *Un*, *une* ou *des*? Complète par l'article indéfini. | Setze den unbestimmten Artikel ein.

Dans ma chambre, il y a ? lit, ? bureau, ? chaise, ? ordinateur, ? armoire, ? étagères, ? lampe, ? minichaîne, ? posters et ? guitare.

2 Complète. | Ergänze. Benutze *un*/*une* oder *le*/*la*/*l'*.

1. Voilà ? chambre de Théo. Il y a ? poster de Paris et des bédés partout: sur ? lit, sur ? bureau, dans ? armoire.
2. Regarde, ? télécommande est là, à gauche, sur ? table. Non, devant ? lampe!
3. – Qu'est-ce que tu fais?
   – J'écoute ? CD et je chatte sur Internet.
4. C'est ? récréation. Les élèves jouent dans ? cour de ? école.

3 Complète les dialogues. | Setze die richtige Verbform des angegebenen Verbs ein.

1. – Les garçons, vous ? avec moi? (*jouer*)
   – Non, pas maintenant. Nous ? (travailler).
   – Vous ? ou vous ? ? (*travailler*/*rêver*)
   – Tu m'énerves!

2. – Yasmine, qu'est-ce que tu fais?
   – Je ? ! (*téléphoner*)

3. Après l'école, Yasmine ? à la maison, elle ? un CD ou elle ? avec des copines. (*rentrer*/*écouter*/*chatter*)

4. Karim et Bilal ? des informations sur Internet. (*chercher*) Après, ils ? la télé. (*regarder*)

4 „Où?" ou „Qu'est-ce que?"
Complète les questions. | „Wo" oder „was"? Ergänze die Fragen.

1. ? sont les filles? 2. Monsieur Martel, ? vous cherchez? 3. ? est la chambre de Clara? 4. ? il y a? 5. ? tu fais? 6. ? est Monsieur Martel?

▶ Solutions, p. 56 et 57

Module 2 Le français en classe (2)

11 Je lis, tu lis, il lit …

M2 p. 46

Das unregelmäßige Verb *lire* | Le verbe irrégulier *lire*

Je	lis	un livre.
Tu	lis	une bédé?
Il/Elle/On	lit	un texte.
Nous	lisons	la phrase.
Vous	lisez	l'exercice.
Ils/Elles	lisent	des informations.
Imperativ	Lis. Lisons. Lisez.	

Die Endungen des Verbs ***lire*** lauten ***-s***, ***-s***, ***-t***, ***ons***, ***ez***, ***ent***.
In den drei Pluralformen schiebst du ein ***-s-*** vor der Endung ein.

Hast du das verstanden? ▶ Solutions, p. 57

Setze die passende Verbform ein.

1. Qu'est-ce que tu ? ? 2. Lukas ? un livre de Jules Verne.
3. Yasmine et Clara ? une bédé. 4. Vous ? la bédé ensemble?
5. Oui, moi, je ? et Clara écoute!

12 J'écris, tu écris, il écrit …

M2 p. 46

Das unregelmäßige Verb *écrire* | Le verbe irrégulier *écrire*

J'	écris	une phrase.
Tu	écris	un livre?
Il/Elle/On	écrit	dans la cuisine?
Nous	écrivons	un rap.
Vous	écrivez	les questions.
Ils/Elles	écrivent	les mots.
Imperativ	Écris. Écrivons. Écrivez.	

Die Endungen des Verbs ***écrire*** lauten ***-s***, ***-s***, ***-t***, ***ons***, ***ez***, ***ent***.
In den drei Pluralformen schiebst du ein ***-v-*** vor der Endung ein.

Hast du das verstanden? ▶ Solutions, p. 57

Setze die passende Verbform ein.

1. Théo et Clara ? une bédé. 2. J' ? un livre sur Strasbourg. 3. Et toi, qu'est-ce que tu ? ?
4. Vous ? la bédé ensemble? 5. Monsieur Martel ? une phrase au tableau.

Hier kannst du überprüfen, was du im *Module 2 Le français en classe (2)* gelernt hast.

1 **Complète le dialogue. Utilise les verbes *lire* (a) et *écrire* (b). | Ergänze die Dialoge zwischen Clara und ihrer kleinen Schwester mit den passenden Formen von *lire* (a) und *écrire* (b).**

a Camille: Qu'est-ce que tu ? ?
Clara: Je ? «Astérix et Cléopatre».
Camille: On ? la bédé ensemble? S'il te plaît, Clara!
Clara: D'accord, nous ? une page[1] ensemble. Une!

b Camille: Regarde, Clara, j' ? «Camille» sur mon[2] cahier.
Clara: On ? «Camille» avec deux L.
Camille: D'accord. Clara, tu ? «Fabre» sur mon cahier?
Clara: Non, nous ? «Fabre» ensemble. Regarde, on ? F-A-B-R-E.

1 **une page** eine Seite
2 **mon** mein

2 **Complète. Utilise l'impératif. | Vervollständige die Sätze. Verwende den Imperativ.**

1. Robert, ? le livre. *(fermer)*
2. Yasmine et Clara, ? le tableau. *(regarder)*
3. Bilal et Nathan, ? le CD. *(écouter)*
4. Karim, Jade et Simon, ? le rap. *(chanter)*
5. Alexandre, ? le CD. *(écouter)*
6. Madame Brun, ? les photos. *(regarder)*
7. Christophe, ? le texte. *(lire)*
8. Emma et Aziz, ? un texte. *(écrire)*
9. Anne et Laure, ? le rap. *(répéter)*
10. Nora et Philippe, ? la partie de cartes. *(continuer)*

3 **Complète par les verbes à l'imperatif. | Wähle zu jedem Bild das passende Verb aus und setze die richtige Imperativform ein.**

chanter regarder parler écouter jouer
continuer répéter travailler fermer

▶ Solutions, p. 57

Ma famille

U3 V1, p. 52
V2, p. 54
V3, p. 57

13 Mon père, ta mère, sa sœur …

Der Possessivbegleiter | Le déterminant possessif

Mit Possessivbegleitern gibst du an, wem etwas gehört: „mein Bruder“, „deine Freunde“.

Possessivbegleiter = besitzanzeigender Begleiter

	männlich	weiblich mit Vokal	weiblich mit Konsonant
Singular	**mon** père	**mon**‿amie	**ma** mère
	ton père	**ton**‿amie	**ta** mère
	son père	**son**‿amie	**sa** mère
Plural	**mes** parents	**mes**‿amies	**mes** copines
	tes parents	**tes**‿amies	**tes** copines
	ses parents	**ses**‿amies	**ses** copines

Französische Possessivbegleiter richten sich in Geschlecht und Zahl immer nach dem Nomen, vor dem sie stehen.
Ma, ***ta***, ***sa*** verwendest du nur im Singular vor weiblichen Nomen, die mit einem Konsonanten beginnen.
Mon, ***ton***, ***son*** verwendest du im Singular vor allen männlichen Nomen und vor weiblichen Nomen, die mit einem Vokal beginnen.
Mes, ***tes***, ***ses*** verwendest du vor allen Nomen im Plural.

1

Clara et **son** père
Clara und ihr Vater

2

Alexandre et **son** père
Alexandre und sein Vater

3

Clara et **sa** mère
Clara und ihre Mutter

4

Alexandre et **sa** mère
Alexandre und seine Mutter

5

Clara et **ses** copains
Clara und ihre Freunde

6

Alexandre et **ses** copains
Alexandre und seine Freunde

FR: son, sa, ses
DE: sein/e, ihr/e
EN: his, her

Französische Possessivbegleiter richten sich **nur** nach dem Nomen, vor dem sie stehen.

Hast du das verstanden? ▶ Solutions, p. 57

Ergänze die Sätze mit den Wörtern in Klammern.

1. Fanny a un frère. (Ihr Bruder) ? s'appelle Marius. 2. Paul a un frère. (Sein Bruder) ? s'appelle Philippe. 3. Laura a une sœur. (Ihre Schwester) ? s'appelle Louise. 4. Victor a une sœur. (Seine Schwester) ? s'appelle Emma. 5. Hugo a deux sœurs. (Seine Schwestern) ? s'appellent Flore et Julie. 6. Laëtitia a deux frères. (Ihre Brüder) ? s'appellent Julien et Raphaël.

14 J'ai, tu as, il a ...

U3 V3, p. 57

Das unregelmäßige Verb *avoir* | **Le verbe irrégulier** *avoir*

J'	**ai**	un frère.
Tu	**as**	deux sœurs.
Il/Elle/On‿	**a**	trois amies.
Nous‿	**avons**	un cahier.
Vous‿	**avez**	deux salons?
Ils/Elles‿	**ont**	un hamster.

Unterscheide beim Sprechen:

ils‿ont → [ilzɔ̃] (3. Pers. Pl. von *avoir*)

ils sont → [ilsɔ̃] (3. Pers. Pl. von *être*)

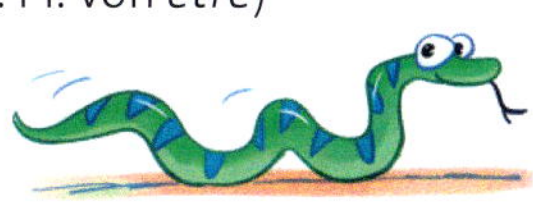

15 Il est joli. Elle est jolie.

U3 V4, p. 60

Das Adjektiv | **L'adjectif**

Mit Adjektiven beschreibst du Personen, Tiere oder Sachen: „Der Eiffelturm ist hoch."

		männlich		weiblich
Singular	Il est	intelligent. joli. adorable.	Elle est	intelligent**e**. joli**e**. adorable.
Plural	Ils sont	intelligent**s**. joli**s**. adorable**s**.	Elles sont	intelligent**es**. joli**es**. adorable**s**.

Adjektiv = Eigenschaftswort

Die meisten Adjektive werden dem Nomen angeglichen, zu dem sie gehören, auch wenn sie nach dem Verb stehen. Das ist anders als im Deutschen: ***Ma tortue est intelligente.***
Meine Schildkröte ist schlau.
Die weibliche Form eines Adjektivs bildest du, indem du an die männliche Form ein ***-e*** anhängst. Endet die männliche Form schon auf ***-e*** (z. B. ***adorable***), hängst du kein ***-e*** mehr an.
Die Pluralformen eines Adjektivs bildest du, indem du an die Singularform ein ***-s*** anhängst.

AUF EINEN BLICK weibliche Endung: ***-e*** Pluralendung: ***-s***

Ils sont **bavards**.

Wenn sich ein Adjektiv auf eine männliche und eine weibliche Person oder Sache bezieht, verwendest du die männliche Pluralform.

15.1 Super, sympa, cool

		männlich und weiblich
Singular	Il/Elle est	**super/sympa/cool.**
Plural	Ils/Elles sont	**super/sympa/cool.**

Les adjectifs **sympa** et **super** sont **cool**!

Super, ***sympa*** und ***cool*** sind unveränderlich.

Hast du das verstanden?

▶ Solutions, p. 57

Setze die richtige Form der Adjektive in den Satz ein.

1. Ma copine Camille est très ? . (bavard)
2. Lucas est nouveau dans ma classe. Il est ? . (sympa)
3. Mon lapin est très ? . (joli)
4. Eva a deux perruches. Elles sont ? et ? . (intelligent, joli)
5. Regarde les lapins. Ils sont ? . (adorable)
6. Les deux cousines de Max sont ? . (super)
7. Les chats de Louise sont ? . (joli)
8. Le chat d'Eva est ? , mais son chien est ? . (adorable, moche)

16 Qui est pour le lapin?

Die Frage mit *qui* | L'interrogation avec *qui*

Subjekt	Verb	Ergänzung	
Qui	regarde	la télé?	Lukas regarde la télé.
Qui	écoute	un CD?	Yasmine écoute un CD.

Mit ***Qui …?*** („Wer…?") fragst du nach Personen. ***Qui*** ist das Subjekt des Fragesatzes. Vor einem Vokal wird ***qui*** nicht apostrophiert.

17 Quel est ton animal préféré?

U3 V4, p. 60

Der Fragebegleiter *quel* | Le déterminant interrogatif *quel*

	maskulin	feminin
Singular	Quel est ton livre?	Quelle est ta bédé?
Plural	Quels sont tes livres?	Quelles sont tes bédés?

Der Fragebegleiter ***quel*** wird dem Nomen, vor dem er steht, in Genus und Numerus angeglichen.

Genus = Geschlecht
Numerus = Zahl (Singular/Plural)

Singular	Yasmine lit un livre. Quel livre?	Noah lit une bédé. Quelle bédé?
Plural	Regarde les chiens. Quels chiens?	Je cherche mes clés. Quelles clés?

Alle vier Formen werden vor einem Konsonanten gleich ausgesprochen [kɛl].

Plural	Quels‿animaux?	Quelles‿allergies?

Vor einem Vokal wird das ***-s*** von ***quels*** und ***quelles*** als [z] gebunden.

Hast du das verstanden? ▶ Solutions, p. 57

Setze die passende Form von ***quel*** ein.

1. ? est le hamac de Jade? 2. ? est ta clé? 3. ? est la chaise de ton frère? 4. ? sont les CD de Lukas? 5. ? est la chambre de Clara? 6. ? sont les figurines de Théo?

18 Que fait Noah?

U3 V4, p. 60

Die Inversionsfrage mit Fragewort und Nomen | L'interrogation par inversion avec pronom interrogatif

Que fait Noah ?
Que lit Yasmine?

Où chantent les BB Brunes?
Comment travaille Lukas?

Inversion = Umstellung von Subjekt und Verb

In einer Inversionsfrage steht das Nomen hinter dem Verb. Das Fragewort steht am Anfang der Frage vor dem Verb, wie im Deutschen auch: „Was macht Noah?"

Hast du das verstanden? ▶ Solutions, p. 57

Stelle zu den folgenden Antworten die passenden Fragen.

1. Théo habite à Strasbourg. 2. Karim est dans la cuisine. 3. Mon cochon d'Inde rêve. 4. Ma perruche chante très bien. 5. Jade lit un livre d'Anna Gavalda.

3 Fais le point

Hier kannst du überprüfen, was du in der *Unité* 3 gelernt hast.

1 Complète les phrases par *mon*, *ma*, *mes* et *ton*, *ta*, *tes*.

– ? grand-mère habite à Strasbourg?
– Oui, elle habite avec nous. ? grand-mère, ? père, ? mère, ? sœurs et moi, nous habitons ensemble dans un appartement. Et toi? ? grands-parents habitent avec vous?
– Non, ils habitent à Colmar, avec ? arrière-grand-mère.

2 Complète les phrases par *son*, *sa* et *ses*.

J'ai un cousin. Il habite à Lyon avec ? père et ? chien Nougat. ? père travaille dans un bar à jus de fruit. ? mère habite à Marseille avec ? sœur. ? sœur a deux lapins. ? lapins s'appellent Cosette et Marius.

– C'est qui?
– C'est Paul et ? amie Marie.
– Et là, c'est qui?
– C'est Virginie avec ? ami Frédéric.

3 Fais des phrases avec le verbe *avoir*.

1. quel – tu – âge – *avoir* – ?
2. *avoir* – j' – ans – douze
3. frère – deux – sœurs – *avoir* – un – Yann – et
4. cochon d'Inde – sœurs – ses – un – *avoir*
5. *avoir* – un – aussi – vous – animal – ?
6. nous – chat – *avoir* – un

4 Complète les phrases par les noms et les adjectifs.

1. La ? est ? ! Mais non, elle est ? .	(tortue – moche, adorable)
2. Tes ? sont très ? .	(lapin – joli)
3. Tes ? sont aussi ? mais ? .	(poisson – joli, bête)
4. Mes ? sont très ? . Elles sont ? .	(perruche – bavard, adorable)
5. Mon ? est ? et très ? .	(chien – super, intelligent)
6. Tes ? sont ? .	(bédé – super)
7. Ton ? Anne est ? .	(amie – cool)
8. Le ? de Damien est ? .	(frère – bête)

5 Voilà des réponses. Retrouve les questions avec *qui*.

1. Le père de Julien travaille à Paris. 2. Paul a un hamster. 3. Jade est de Lyon.
4. Simon a des problèmes à la maison.

▶ Solutions, p. 58

19 Il est sept heures et quart.

M4 p. 69

Die Uhrzeit | L'heure

Il est quelle heure?

1. Il est une heure.

2. Il est deux heures cinq.

3. Il est quatre heures **et quart**.

4. Il est cinq heures vingt.

5. Il est six heures **et demie**.

6. Il est neuf heures moins vingt-cinq.

7. Il est dix heures **moins le quart**.

8. Il est onze heures moins dix.

→ Il est midi.

→ Il est minuit.

Bis halb zählst du die Minuten zu der vollen Stunde hinzu. Ab halb ziehst du die Minuten von der nächsten vollen Stunde ab.

Sept heures	**et**	quart.
Sept heures	**moins le**	quart.

Bei „*Viertel nach*" steht kein Artikel, bei „*Viertel vor*" steht der bestimmte Artikel.

Hast du das verstanden?

▶ Solutions, p. 58

Il est quelle heure?

20 Je fais, tu fais, il fait …

U4 V1, p. 74

Das unregelmäßige Verb *faire* | Le verbe irrégulier *faire*

Je	**fais**	mes devoirs.
Tu	**fais**	l'exercice?
Il/Elle/On	**fait**	des biscuits.
Nous	**faisons**	un jus de fruits.
Vous	**faites**	la travail.
Ils/Elles	**font**	des vacances.
Imperativ	**Fais. Faisons. Faites.**	

AUF EINEN BLICK
vous **êtes** (2. Pers. Pl. von *être*)
vous **faites** (2. Pers. Pl. von *faire*)

ils **sont** (3. Pers. Pl. von *être*)
ils **ont** (3. Pers. Pl. von *avoir*)
ils **font** (3. Pers. Pl. von *faire*)

Hast du das verstanden? ▶ Solutions, p. 58

Setze die richtigen Verbformen ein.
1. – Tu ? de la musique? – Oui, je ? des percussions.
2. – Qu'est-ce que vous ? ? – Nous ? du tennis.
3. – Et Clara? – Clara et Yasmine ? de l'athlétisme. Et Clara ? aussi de la guitare.

21 Je fais du sport.

U4 V1, p. 74

Der zusammengezogene Artikel mit *de* | L'article contracté avec *de*

Noah fait **de la** musique.	(*faire* de + la musique)
Les filles font **de l'**athlétisme.	(*faire* de + l'athlétisme)
Clara fait **du** théâtre.	(*faire* de + le théâtre)
Noah fait **des** percussions.	(*faire* de + les percussions)

Die Präposition ***de*** ziehst du mit den bestimmten Artikeln ***le*** und ***les*** zusammen.

Präposition = Verhältniswort; z. B. „für", „in", „gegen" …

AUF EINEN BLICK

de + la = de la
de + l' = de l'
~~de + le~~ = **du**
~~de + les~~ = **des**

Hast du das verstanden? ▶ Solutions, p. 58

Du*, *de la*, *de l' oder ***des***? Setze die richtige Form ein.
1. Tu fais ? sport? (le sport)
2. Oui, je fais ? athlétisme et ? foot. (l'athlétisme, le foot)
3. Vous faites aussi ? musique? (la musique)
4. Oui, moi je fais ? percussions et mon frère fait ? guitare. (les percussions, la guitare)

22 Je préfère, nous préférons ...

U4 V2, p. 76

Das Verb *préférer* | **Le verbe** *préférer*

Je	préfère	les bédés.
Tu	préfères	quel sport?
Il/Elle/On	préfère	le rap.
Nous	préférons	la natation.
Vous	préférez	le théâtre?
Ils/Elles	préfèrent	les chats.
Imperativ	Préfère. Préférons. Préférez.	

Préférer ist ein Verb auf ***-er***, das eine Besonderheit aufweist: Nur die ***nous***-Form und die ***vous***-Form behalten das ***-é-*** des Infinitivs. Die anderen Formen haben ein ***-è-***.

Hast du das verstanden? ▶ Solutions, p. 58

Setze die richtigen Verbformen ein.

1. Filou ? la musique classique. 2. Vous ? le rap? 3. Tu ? les bédés?
4. Nous ? le théâtre. 5. Mes parents ? le cinéma.

23 J'aime la musique.

U4 V2, p. 76

Das direkte Objekt nach den Verben *aimer, adorer, détester, préférer* |
Le complément d'objet direct après les verbes *aimer, adorer, détester, préférer*

Das direkte Objekt ist eine Ergänzung des Verbs. Es heißt „direkt", weil es ohne Präposition an das Verb angeschlossen wird.

Subjekt	Verb	direktes Objekt
Il	aime	**la** musique.
Elle	déteste	**le** tennis.
Romain	préfère	**l'**athlétisme.
Hélène	adore	**les** chiens.

An die Verben ***aimer***, ***adorer***, ***préférer*** und ***détester*** schließt du das direkte Objekt mit dem bestimmten Artikel an.

AUF EINEN BLICK nach ***aimer***, ***adorer***, ***préférer*** und ***détester***:
immer **bestimmter Artikel** + Nomen

Elle adore le foot.
Sie liebt — Fußball
She loves — football.

Hast du das verstanden? ▶ Solutions, p. 58

Ergänze die Sätze.

1. J'aime ? musique et j'adore chanter. 2. Mon frère préfère ? tennis et ? aviron. 3. Ma sœur déteste ? sport. Mais elle aime ? percussions. 4. Marine aime ? chats.

24 Il ne chante pas très bien.

U4 V2, p. 76

Die Verneinung mit ***ne … pas*** | **La négation avec** ***ne … pas***

Noah travaille?	Non, Noah **ne** travaille **pas**.
Clara écoute?	Non, Clara **n'**écoute **pas**.
Ils habitent à Berlin?	Non, ils **n'**habitent **pas** à Berlin.

Die französische Verneinung besteht aus zwei Teilen: ***ne*** und ***pas***. ***Ne*** steht vor dem konjugierten Verb und ***pas*** dahinter. Vor einem Verb, das mit einem Vokal oder einem stummen ***h*** beginnt, wird ***ne*** zu ***n'***.

AUF EINEN BLICK Verneinung = ***ne*** + konjugiertes Verb + ***pas***

Hast du das verstanden? ▶ Solutions, p. 58

Verneine die folgenden Sätze.

1. Amandine téléphone. 2. Théo aime Sinik. 3. Ludovic passe les week-ends en famille. 4. Le père de Philippe habite à Strasbourg. 5. Mme Vidal chante dans un groupe.

25 J'appelle, nous appelons …

U4 V3, p. 80

Das Verb ***appeler*** | **Le verbe** ***appeler***

j'	appelle
tu	appelles
il/elle/on	appelle
nous	appelons
vous	appelez
ils/elles	appellent
Imperativ	Appelle. Appelons. Appelez.

Appeler ist ein Verb auf ***-er***, das eine Besonderheit aufweist: Nur die ***nous***-Form und die ***vous***-Form schreiben sich mit einem ***-l-***, wie der Infinitiv. In den anderen Formen wird das ***-l-*** verdoppelt.

26 Je peux, tu peux, je veux, tu veux ...

U4 V3, p. 80

Die unregelmäßigen Verben *pouvoir* und *vouloir* | Les verbes irréguliers *pouvoir* et *vouloir*

	pouvoir		vouloir
je	peux	je	veux
tu	peux	tu	veux
il/elle/on	peut	il/elle/on	veut
nous	pouvons	nous	voulons
vous	pouvez	vous	voulez
ils/elles	peuvent	ils/elles	veulent

Pouvoir und ***vouloir*** sind unregelmäßige Verben. Die endbetonten Formen (***nous*** und ***vous***) werden aber bei beiden Verben regelmäßig gebildet.

Je **ne** veux **pas** faire mes devoirs.
Paul **ne** peut **pas** rentrer à la maison.

Achtung bei der Verneinung: ***ne ... pas*** umschließt das konjugierte Verb. Der Infinitiv steht hinter ***pas***.

Hast du das verstanden?

▶ Solutions, p. 58

Setze die richtigen Verbformen ein.

vouloir

1. Théo et Lukas ? faire de l'aviron sur l'Ill.
2. Lukas ? inviter son copain.
3. – Vous ? faire une balade dimanche?– Non, nous ? être tranquilles le week-end.
4. – Tu ne ? pas écouter un CD? – Non, je ? jouer une partie de cartes.

pouvoir

1. – Est-ce que je ? inviter un copain? – Oui, tu ? inviter un copain.
2. – Maman, on ? regarder la télé? – Non, mais vous ? jouer au foot!
3. Max et Jonas ? faire du ski en hiver.

27 Je dis, tu dis, il dit ...

U4 V3, p. 80

Das unregelmäßige Verb *dire* | Le verbe irrégulier *dire*

je	dis
tu	dis
il/elle/on	dit
nous	disons
vous	dites [dit]
ils/elles	disent
Imperativ	Dis. Disons. Dites.

Das Verb ***dire*** hat einen unregelmäßigen Plural. Vor die Endungen der 1. und 3. Person Plural wird ein ***-s-*** eingeschoben, das im Singular und im Infinitiv nicht vorkommt. Das kennst du schon von ***lire*** (▶ p. 16/11). ***Dire*** hat außerdem eine unregelmäßige 2. Person Plural: ***dites***. Du kennst schon zwei Verben, deren ***vous***-Form auf ***-es*** endet: *faire* (*vous* ***faites***) und *être* (*vous* ***êtes***).

AUF EINEN BLICK être: vous êtes faire: vous faites dire: vous dites

28 Est-ce que tes parents sont d'accord?

U4 V3, p. 80

Die Frage mit *est-ce que* | L'interrogation avec *est-ce que*

Aussagesatz	Fragesatz mit ***est-ce que***
Théo peut inviter son ami.	**Est-ce que** Théo peut inviter son ami? Kann Theo seinen Freund einladen?
On fait une balade, dimanche.	**Est-ce qu'**on fait une balade, dimanche? Machen wir am Sonntag einen Spaziergang?

Die Intonationsfrage (▶ p. 6/1.2) gebraucht man vor allem im gesprochenen Französisch. Die Frage mit ***est-ce que*** kann man sowohl im gesprochenen als auch im schriftlichen Französisch gebrauchen. Die Frage mit ***est-ce que*** ist eine Entscheidungsfrage. Die Antwort lautet ***oui*** oder ***non***.

Eine Frage mit ***est-ce que*** bildest du, indem du ***est-ce que*** vor einen Aussagesatz stellst.

AUF EINEN BLICK ***Est-ce que*** + Aussagesatz + ? = Fragesatz

Hast du das verstanden?

▶ Solutions, p. 58

Stelle die passenden Fragen zu den folgenden Antworten.

1. Oui, Théo peut inviter Lukas. 2. Oui, ses parents sont d'accord.
3. Oui, ils passent chercher Lukas à 10 heures. 4. Oui, ils font une balade dimanche.

Hier kannst du überprüfen, was du in der *Unité* 4 gelernt hast.

1 Complète par la bonne forme du verbe *faire*.

1. – Mon frère ? de la guitare.
   – Et toi, tu ? de la musique?
   – Non, je ? du sport.
2. – Vous ? du sport?
   – Oui, nous ? de l'athlétisme et de l'aviron.

2 Qu'est-ce qu'ils font? Complète.

1. Max ? (Sport): Il ? (Tennis) et ? (Fußball).
2. Son frère ? (Musik). Il ? (Flöte).
3. Sa sœur ? (Theater) et ? (Leichtathletik).

3 Fais des phrases en français. | Sage, dass...

1. ... Philippe klassische Musik mag, aber Rap vorzieht. 2. ... Clara Theater und Musik liebt, aber Sport hasst. 3. ... ihr Bücher mögt. 4. ... deine Eltern Hunde hassen, aber Katzen lieben.

4 C'est faux. Corrige les phrases. Utilise la négation.

1. Le chat Filou aime la musique de Clara.
2. Les parents de Lukas cherchent la télécommande.
3. Théo écoute Sinik.
4. Sarah chante bien.
5. Simon et son ami Thomas ont dix ans.

5 Complète par la bonne forme du verbe *vouloir*.

1. Tu ? faire une balade avec nous?
2. Je ? faire une balade avec Théo.
3. Nous ? passer chez Yasmine.
4. Elle ne ? pas chanter dans un groupe.
5. Vous ? faire du ski en hiver?
6. Les filles ? faire du théâtre.

6 Complète par la bonne forme du verbe *pouvoir*.

1. Maman, je ? inviter une copine?
2. On ? regarder la télé?
3. Tu ? répéter ton nom?
4. Nous ne ? pas passer à dix heures.
5. Elles ne ? pas aller chez Lisa.
6. Vous ? jouer dans la chambre?

7 Pose des questions. | Frage, ...

1. ... ob Théo Fußball spielt.
2. ... ob Théos Eltern Schildkröten mögen.
3. ... ob du bei Clara vorbeikommen kannst.

▶ Solutions, p. 58 et 59

Unité 5 Au collège

29 Il est au secrétariat.

U5 V1, p. 94
V2, p. 98

Der zusammengezogene Artikel mit *à* | L'article contracté avec *à*

Les élèves sont **à la** cantine.	(à + la cantine)
Jade est **à l'**infirmerie.	(à + l'infirmerie)
Noah est **au** CDI.	(à + le CDI)
Elles sont **aux** toilettes.	(à + les toilettes)

Die Präposition ***à*** ziehst du mit den bestimmten Artikeln ***le*** und ***les*** zusammen.
Mit den bestimmten Artikeln ***la*** und ***l'*** wird ***à*** nicht zusammengezogen.

AUF EINEN BLICK

à + la = à la	~~à + le~~ = **au**
à + l' = à l'	~~à + les~~ = **aux**

Hast du das verstanden?

▶ Solutions, p. 59

Au, ***à la***, ***à l'*** oder ***aux***? Setze die richtige Form ein.

1. la cantine → Les élèves sont ? cantine. 2. le gymnase → Le prof d'EPS est ? gymnase.
3. les toilettes → Lukas est ? toilettes. 4. l'infirmerie → Jade est ? infirmerie.

30 Notre collège, vos profs, leurs surveillants

U5 V1, p. 94
V3, p. 102

Der Possessivbegleiter (2) | Le déterminant possessif (2)

vor Nomen im Singular		vor Nomen im Plural	
notre cantine	unsere Kantine	**nos** livres	unsere Bücher
votre cour	euer Hof	**vos** parents	eure Eltern
leur collège	ihre Schule	**leurs** copines	ihre Freundinnen

AUF EINEN BLICK ***Notre***, ***votre***, ***leur*** vor Nomen im Singular (egal, ob männlich oder weiblich).
Nos, ***vos***, ***leurs*** vor Nomen im Plural (egal, ob männlich oder weiblich).

C'est **leur** chat.

Ce sont **leurs** chats.

Hast du das verstanden?

▶ Solutions, p. 59

Ergänze die Sätze mit ***notre***, ***votre***, ***leur***, ***nos***, ***vos*** oder ***leurs***.

1. – Éric et Nora, vous cherchez ? livres? – Non, papa, nous cherchons ? cahiers.
2. Voilà Ahmed, Saïd et ? sœurs. 3. – Anne et Lou, où est ? chambre? – ? chambre est à gauche de la cuisine. 4. Julien et Laure jouent avec ? chien.

31 Je vais, tu vas, il va …

U5 V2, p. 98

Das unregelmäßige Verb *aller* | Le verbe irrégulier *aller*

Je	**vais**	à la maison.
Tu	**vas**	chez moi?
Il/Elle/On	**va**	au collège.
Nous‿	allons	chez Elsa.
Vous‿	allez	au cinéma?
Ils/Elles	**vont**	bien.
Imperativ	**Va**. Allons. Allez.	

Aller ist ein unregelmäßiges Verb. Aber zwei Formen werden regelmäßig gebildet: ***nous allons*** und ***vous allez***.

Hast du das verstanden?

▶ Solutions, p. 59

Setze die richtige Form von ***aller*** ein.

1. Elle ? au CDI. 2. Je ? à l'école. 3. Nous ? à Strasbourg. 4. Vous ? à la cantine? 5. Elles ? au TJP. 6. Il ? chez Karim. 7. Ils ? à la Vitamine C.

32 Il est bon en maths. Elle est nulle en SVT.

U5 V2, p. 98

Die Adjektive *bon* und *nul* | Les adjectifs *bon* et *nul*

	männlich	weiblich
Singular	Noah est bon en maths. Noah est nul en musique.	Clara est bonne en allemand. Clara est nulle en maths.
Plural	Ils sont bons en SVT. Ils sont nuls en français.	Elles sont bonnes en français. Elles sont nulles en EPS.

Die weiblichen Formen von ***bon*** schreiben sich mit Doppel-***n***- und die von ***nul*** mit Doppel-***l***-.

Unterscheide beim Sprechen: **bon**, **bons** → [bɔ̃]
bonne, **bonnes** → [bɔn]

Bei ***nul*** gibt's in der Aussprache null Änderung!

Hast du das verstanden?

▶ Solutions, p. 59

a Setze die passenden Formen von ***bon*** ein.

1. Ils sont ? en français. 2. Marie est ? en SVT. 3. Alexandre est ? en EPS. 4. Elles sont ? en musique.

b Setze die passende Form von ***nul*** ein.

5. Elle est ? en maths. 6. Léa et Lola sont ? en français. 7. Hugo et sa sœur sont ? en allemand. 8. Il est ? en EPS.

33 Le lundi, il a sept heures de cours.

U5 V2, p. 98

Die Wochentage mit und ohne bestimmten Artikel | Les jours de la semaine avec ou sans l'article défini

– On va au cinéma **vendredi**? ... am Freitag
– Non, **le vendredi** je suis chez ma grand-mère. ... immer freitags

– Wenn du einen einzigen, bestimmten Tag meinst, benutzt du den Wochentag ohne Artikel.
– Wenn du sagen willst, dass etwas jede Woche am gleichen Tag passiert (z. B. dass du jeden Freitag zu deiner Großmutter gehst), benutzt du den Wochentag mit dem bestimmten Artikel.

AUF EINEN BLICK
lundi = am Montag (einmaliges Ereignis)
le lundi = immer montags (regelmäßiges Ereignis)

Hast du das verstanden? ▶ Solutions, p. 59

Vervollständige die Sätze mit den Angaben in Klammern.
1. (Montags), on a français. 2. (Am Dienstag), j'ai une interro de maths.
3. (Am Mittwoch), je vais au CDI avec Yann.
4. (Donnerstags), les filles mangent à la cantine.

34 Pourquoi est-ce que ...? ... parce que mon prof de français n'est pas là.

U5 V2, p. 98

Die Frage mit *pourquoi est-ce que* und die Antwort mit *parce que* | L'interrogation avec *pourquoi est-ce que* et la réponse avec *parce que*

Pourquoi est-ce que Clara fait ses devoirs avec Yasmine?
Clara fait ses devoirs avec Yasmine **parce que** Yasmine est bonne en maths.

Pourquoi est-ce que Noah mange à la cantine le lundi?
Noah mange à la cantine le lundi **parce qu'**il y a toujours des spaghettis le lundi.

Mit ***pourquoi est-ce que*** fragst du nach einem Grund.
Mit ***parce que*** begründest du etwas. Nach ***parce que*** bleibt die Wortstellung die gleiche wie im Aussagesatz.

AUF EINEN BLICK
Begründung mit ***parce que***:
parce que + Subjekt + Verb (+ Ergänzung)

		Subjekt	Verb	Ergänzung
FR	... parce que	Yasmine	est	bonne en maths.

		Subjekt	Ergänzung	Verb
DE	... weil	Yasmine	gut in Mathe	ist.

Hast du das verstanden?

▶ Solutions, p. 59

Bilde aus den Satzbausteinen Frage und Antwort.

Exemple:

Yasmine / adorer le week-end / aller toujours au théâtre

→ Pourquoi est-ce que Yasmine adore le week-end? Yasmine adore le week-end parce qu'elle va toujours au théâtre.

1. Clara / aimer le mercredi / avoir une heure d'allemand
2. Noah / aimer le lundi / avoir deux heures de maths
3. Alexis / ne ... pas / manger à la cantine / détester les spaghettis
4. Anna / ne ... pas / aller au cinéma samedi / avoir une interro lundi

35 Où est-ce que nous allons?

U5 V2, p. 98
V3, p. 102

Die Frage mit Fragewort | L'interrogation avec pronom interrogatif

Pourquoi	**est-ce que**	Noah mange à la cantine?	Warum ...?
Quand	**est-ce que**	nous visitons le collège?	Wann ...?
Quelle matière	**est-ce qu'**	elles détestent?	Welche Fächer ...?
À quelle heure	**est-ce qu'**	ils arrivent?	Um wie viel Uhr ...?
Où	**est-ce qu'**	ils vont lundi, à huit heures?	Wo/Wohin ...?
Comment	**est-ce qu'**	on écrit «aujourd'hui»?	Wie ...?

Du kannst Fragen auch mit ***est-ce que*** und einem Fragewort bilden. Das Fragewort steht immer am Anfang der Frage. Die Wortstellung bleibt die gleiche wie im Aussagesatz.

AUF EINEN BLICK Frage mit Fragewort:
Fragewort + ***est-ce que*** + Subjekt + Verb (+ Ergänzung)?

Hast du das verstanden?

▶ Solutions, p. 59

Ergänze die Fragen mit einem Fragewort (***quand / à quelle heure / pourquoi / où / comment***) und ***est-ce que***.

1. ? tu vas à l'école? 2. ? les élèves vont à la cantine? 3. ? Jade aime manger à la cantine le vendredi? 4. ? ils vont lundi matin? 5. ? tu écris «nul» dans ta phrase?

36 Nous mangeons à la cantine.

U5 V2, p. 98

Das Verb *manger* | Le verbe *manger*

Je	mange
tu	manges
il/elle/on	mange
nous	mangeons
vous	mangez
ils/elles	mangent
Imperativ	Mange. Mangeons. Mangez.

Manger ist ein regelmäßiges Verb auf ***-er***, das eine Besonderheit in der Schreibweise hat: In der ***nous***-Form wird ein ***-e-*** zwischen Verbstamm und Endung eingefügt.

AUF EINEN BLICK ***manger* → *nous mangeons***

Warum schreibt sich ***mangeons*** mit ***-e-***?

Wegen der Aussprache! Ohne ***-e-*** würde es wie „Mango" klingen …

37 Qu'est-ce que nous allons faire?

U5 V3, p. 102

Das *futur proche* | Le futur proche

Je **mange** à la cantine.	Ich **esse** in der Kantine.	(Gegenwart)
Je **vais manger** à la cantine.	Ich **werde** in der Kantine **essen**.	(Zukunft)

Mit dem ***futur proche*** kannst du ausdrücken, dass eine Handlung in der Zukunft liegt.

	aller	Infinitiv	
Je	**vais**	**manger**	à la cantine.
Tu	**vas**	**noter**	les idées?
Il/Elle	**va**	**aller**	au Vaisseau.
Nous	**allons**	**visiter**	le collège.
Vous	**allez**	**faire**	une balade?
Ils/Elles	**vont**	**passer**	une journée à Kehl.

Das ***futur proche*** eines Verbs bildest du mit einer Präsensform von ***aller*** und dem Infinitiv des Verbs.

AUF EINEN BLICK ***futur proche*** = Präsensform von ***aller*** + Infinitiv

Je	ne	**vais**	pas	**rentrer**	à la maison.
On	ne	**va**	pas	**visiter**	le collège.
Ils	ne	**vont**	pas	**manger**	au Musée du chocolat.

Bei der Verneinung umschließt ***ne ... pas*** das konjugierte Verb.
Der Infinitiv steht hinter ***pas***.

Hast du das verstanden?

▶ Solutions, p. 59

Ergänze die Sätze mit den angegebenen Verben im ***futur proche***.

1. Tu (faire) une balade dans les Vosges? 2. Samedi, je (aller) à Strasbourg.
3. Noah (préparer) des spaghettis. 4. Nous (ne ... pas / manger) au musée.
5. Vous (chanter) avec Yasmine? 6. Ils (visiter) Strasbourg en bateau.
7. Elle (ne ... pas / chatter) avec ses copines.

* **le Musée d'Histoire Naturelle** das Naturkundemuseum

38 Clara écrit à sa grand-mère.

U5 V2, p. 98

Das indirekte Objekt | Le complément d'objet indirect

Subjekt	Verb	direktes Objekt
Clara	aime	**la musique.**

Subjekt	Verb	indirektes Objekt
Clara	écrit	à sa **grand-mère.**
Jade	parle	au **professeur.**
Noah	téléphone	aux **amis.**

Du kennst schon das direkte Objekt (p. 25/23). Es heißt so, weil es direkt. d. h. ohne Präposition an das Verb angeschlossen wird.
Es gibt auch Verben, an die das Objekt mit der Präposition ***à*** angeschlossen wird. Dieses Objekt heißt indirektes Objekt.
Ob nach einem Verb ein direktes oder ein indirektes Objekt steht, kannst du in der alphabetischen Wortliste des Schülerbuches nachschlagen.
Du kennst folgende Verben, auf die ein indirektes Objekt folgt:

demander à qn	jdn fragen
parler à qn	mit jdm sprechen
téléphoner à qn	mit jdm telefonieren
écrire à qn	jdm schreiben
dire bonjour à qn	jdm „Guten Tag!" sagen
dire au revoir à qn	jdm „Auf Wiedersehen!" sagen
dire merci à qn	jdm „Danke!" sagen

qn = quelqu'un (jemand)
jdn = jemanden
jdm = jemandem

Steht ein ***à*** vor dem Objekt, nennt man dieses indirekt.

Hast du das verstanden?

▶ Solutions, p. 59

Direktes oder indirektes Objekt? Ergänze die Sätze, wenn notwendig, mit ***à***/***au***/***à la***/***aux*** oder nur mit ***le***/***la***/***les***.

1. Clara téléphone ? Yasmine.
2. Noah veux parler ? professeur de français.
3. Madame Leforestier parle ? élèves.
4. Théo aime ? dessin et ? bédé.
5. Amandine aime écouter ? CDs de Zaz.
6. Jade dit bonjour ? mère de Lukas.

Hier kannst du überprüfen, was du in der *Unité* 5 gelernt hast.

1 **Complète par** *notre*, *votre*, *leur* **et** *nos*, *vos*, *leurs*.

1. Clara et Camille sont dans ? chambre. Elles cherchent ? bédés et ? nouveau CD.
2. – Yasmine, Clara! Est-ce que vous faites ? devoirs de français?
   – Non maman, nous faisons ? devoirs de maths.
3. – Les garçons, qu'est-ce que vous faites?
   – On cherche ? DVD de Titeuf!
   – ? DVD de Titeuf? Mais il est là, devant vous!

2 **Complète par la bonne forme du verbe** *aller*. **Puis réponds.**

1. – Est-ce que tu ? à la cantine? – Oui, ___.
2. – Est-ce que Noah ? chez Karim lundi? – Non, ___.
3. – Est-ce que vous ? au CDI après la cantine? – Oui, ___.
4. – Est-ce que les élèves de Kehl ? au Vaisseau? – Non, ___.

3 **Regarde les dessins et réponds aux questions.**

a Où est-ce qu'ils vont?

1 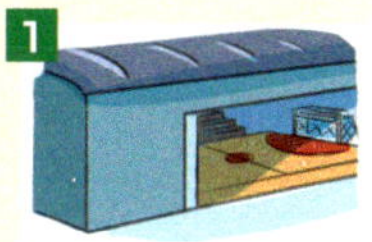

2 

3 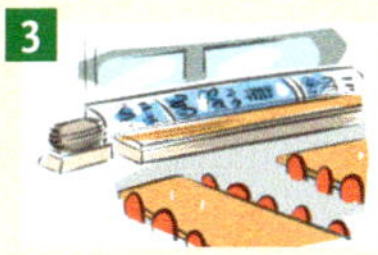

4 

b Où est-ce qu'ils sont?

5 

6 

7 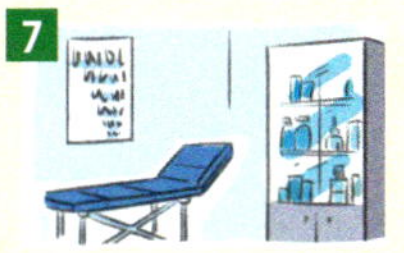

8 

4 **Fais des phrases. Utilise** *bon* **et** *nul*.

1 

Marie

2 

Alexandre

3 

Amandine

4 

Noah et Karim

5 

Lola et Léa

6 

Sarah

▶ Solutions, p. 59 et 60

5 **Complète les questions par un pronom interrogatif (*quand* / *à quelle heure* / *pourquoi* / *où*) et *est-ce que*.**

1. ? tu as EPS?
2. ? tu vas à la cantine aujourd'hui?
3. ? tu ne vas pas à la cantine?
4. ? tu vas?

6 **Réponds aux questions.**

1

Pourquoi est-ce que Noah aime le lundi?

2

Pourquoi est-ce qu'elle aime les SVT?

3

Pourquoi est-ce que Karim ne va pas chez Bilal lundi?

7 **Raconte en français.**

1. Montags habe ich zwei Stunden ?.
2. Am Freitag schreiben wir eine Französischarbeit.
3. Mein Freund und ich ? samstags.
4. Am Sonntag gehen wir ins / in / in die ?.

8 **Écris les phrases au *futur proche*.**

1. Je ? mes devoirs demain. (*faire*)
2. Tu ? le week-end à Genève. (*passer*)
3. Les élèves de Kehl ? lundi. (*arriver*)
4. Est-ce que vous ? le Musée du chocolat? (*visiter*)
5. Qu'est-ce que nous ?? (*manger*)
6. Théo n'a pas ses devoirs. Il ? des problèmes. (*avoir*)

▶ Solutions, p. 60

39 Nous commençons notre visite.

U6 V1, p. 116

Das Verb *commencer* | Le verbe *commencer*

Je	commence	mardi.
Tu	commences	à 8 heures?
Il/Elle/On	commence	tard.
Nous	commençons	ensemble.
Vous	commencez	maintenant?
Ils/Elles	commencent	aujourd'hui.
Imperativ	Commence. Commençons. Commencez.	

Commencer ist ein regelmäßiges Verb auf ***-er***, das eine Besonderheit in der Schreibweise aufweist: In der 1. Person Plural steht ***-ç-*** statt ***-c-*** (***nous commençons***).

AUF EINEN BLICK ***commencer*** → ***nous commençons*** und auch: ***manger*** → ***mangeons***

40 Je prends, tu prends, il prend ...

U6 V2, p. 119

Das unregelmäßige Verb *prendre* | Le verbe irrégulier *prendre*

Je	prends	mon temps.
Tu	prends	des fruits?
Il/Elle/On	prend	le vélo.
Nous	prenons	un dessert.
Vous	prenez	trois DVD?
Ils/Elles	prennent	une entrée.
Imperativ	Prends. Prenons. Prenez.	

Prendre und ***comprendre*** sind ok, schreibst du den Plural ohne ***-d-***.

Das Verb ***prendre*** hat unregelmäßige Pluralformen: Das ***-d-*** vom Verbstamm fällt weg und in der 3. Person Plural wird das ***-n-*** verdoppelt.
Das Verb ***comprendre*** wird wie ***prendre*** konjugiert.

Hast du das verstanden?

▶ Solutions, p. 60

Setze die richtigen Verbformen ein.

prendre

1. – Qu'est-ce que tu ? ? – Je ? un dessert.
2. Noah ? un jus de fruits et les filles ? le gâteau au chocolat.

comprendre

1. – Vous ? ? – Non, nous ne ? pas.
2. Je ne ? pas le mot «lapin».

41 Il ne mange plus. Il ne prend rien. Il n'a jamais faim.

U6 V2, p. 119

Die Verneinung mit *ne ... plus* / *ne ... rien* / *ne ... jamais* | La négation avec *ne ... plus* / *ne ... rien* / *ne ... jamais*

		konjugiertes Verb			
Madame Fabre	ne	trouve	pas	ses clés.	nicht
Lukas	n'	habite	plus	à Berlin.	nicht mehr
Clara	ne	veut	plus	jouer avec Camille.	
Ils	ne	font	rien.		nichts
Théo	ne	va	rien	préparer.	
Elle	n'	arrive	jamais	à l'heure.	niemals
Elle	ne	veut	jamais	rentrer à pied.	

Die Verneinungswörter ***ne ... plus***, ***ne ... rien*** und ***ne ... jamais*** verwendest du genauso wie die Verneinungswörter ***ne ... pas*** (▶ p. 26/24). Sie umschließen die konjugierte Form des Verbs. Ein Infinitiv steht immer hinter der Verneinung.

AUF EINEN BLICK

ne + konjugiertes Verb + ***pas*** / ***plus*** / ***rien*** / ***jamais*** (+ Infinitiv)

Hast du das verstanden? ▶ Solutions, p. 60

Beantworte die Fragen und verwende ***ne ... plus***, ***ne ... rien*** oder ***ne ... jamais***.

1. Qu'est-ce que Karim fait? *(nichts)*
2. Est-ce que Jade fait encore ses devoirs? *(nicht mehr)*
3. Est-ce que Noah va souvent au cinéma? *(nie)*
4. Qu'est-ce que Lukas veut manger? *(nichts)*
5. Est-ce que Clara veut encore chatter avec Yasmine? *(nicht mehr)*
6. Quand est-ce que ses parents vont comprendre son problème? *(nie)*

42 On peut faire beaucoup de choses.

U6 V3, p. 122

Die Mengenangaben mit *de* | Les quantifiants

Diese Sätze kennst du schon:

Je **n'**ai **pas d'**animal.	Ich habe kein Haustier.
Je **n'**ai **pas de** frères et sœurs.	Ich habe keine Geschwister.

Il		y a	**beaucoup**	**de**	cafés.	viele
Il		y a	**trop**	**de**	touristes.	zu viele
Nous		avons	**assez**	**de**	temps.	genug
Il	**n'**	y a	**pas assez**	**de**	magasins.	nicht genug
Elle	**n'**	a	**pas**	**d'**	argent!	kein/e
Il	**n'**	y a	**plus**	**de**	cinéma dans le quartier.	kein/e ... mehr

Nach Mengenangaben (***beaucoup***, ***trop***, ***assez ...***) verwendest du im Französischen die Präposition ***de*** und das Nomen ohne Artikel. Vor einem Nomen, das mit einem Vokal oder mit einem stummen ***h*** beginnt, wird ***de*** zu ***d'***.

AUF EINEN BLICK Mengenangabe + ***de*** + Nomen

Il y a beaucoup de magasins.
Es gibt viele — Geschäfte.

Im Deutschen ist das anders: Das Nomen wird direkt, d. h. ohne Präposition an die Mengenangabe angeschlossen.

Auch ***ne ... pas de*** und ***ne ... plus de*** sind Mengenangaben.

AUF EINEN BLICK
ne ... pas → nicht
ne ... pas de → kein/e
ne ... plus → nicht mehr
ne ... plus de → kein/e mehr

Wenn nichts (mehr) da ist, ist das eine „Nullmenge"!

Hast du das verstanden?

▶ Solutions, p. 60

Übersetze.

1. Wir haben nicht genug Wasser.
2. Es gibt genug Spaghettis.
3. Es gibt keinen Schokoladenkuchen mehr.
4. Sie hat viele Kinder.
5. Noah hat keine Katze.
6. Wir haben zu viele Tests.

6 Fais le point

Hier kannst du überprüfen, was du in der *Unité* 6 gelernt hast.

1 Complète par les verbes *prendre* et *comprendre*.

1. – Tu ? les  ? – Non, je ? le 

.

2. – Tu ? le mot  ? – Non, je ne ? pas.

3. – Bonjour, qu'est-ce que vous ? ? – On ? deux  .

4. – Et les filles, qu'est-ce qu'elles ? ? – Elles ? deux  .

2 C'est faux. Écris les phrases. Utilise *ne ... plus*, *ne ... rien* ou *ne ... jamais*.

1. Coralie chante dans un groupe. Non, elle ___. *(nicht mehr)*
2. Jean et Jonathan font leurs devoirs. Non, ils ___. *(nichts)*
3. Carla et Éléana chattent sur Internet. Non, elles ___. *(nie)*
4. Léon aime le basket. Non, il ___. *(nicht mehr)*

3 Qu'est-ce qu'il y a sur les dessins? Décris.

Exemple: 1. Il a beaucoup de stylos, mais il n'a pas de cahier.

4 Raconte en français. | Sage, dass ...

1. ... ihr nicht genug Ferien habt. 2. ... es in eurem Viertel keinen Supermarkt mehr gibt. 3. ... ihr keinen Hund habt. 4. ... Noah viele Freunde hat. 5. ... Yasmine zu viele Ideen hat.

▶ Solutions, p. 60

Unité 7 On fait la fête!

43 J'achète, nous achetons …

U7 V2, p. 137

Das Verb *acheter* | Le verbe *acheter*

j'	achète
tu	achètes
il/elle/on	achète
nous	achetons
vous	achetez
ils/elles	achètent
Imperativ	Achète. Achetons. Achetez.

Acheter ist ein Verb auf ***-er***, das eine Besonderheit aufweist: Nur die endungsbetonten Formen (***nous*** und ***vous***) behalten das ***-e-*** des Infinitivs. Die stammbetonten Formen (***je***, ***tu***, ***il/elle/on***, ***ils/elles***) haben ein ***-è-***.

44 Un kilo de farine.

U7 V2, p. 137

Die Mengenangaben mit *de* (2) | Les quantifiants (2)

Das kennst du schon:
Dans mon quartier, il y a **beaucoup de** cafés.
Mais il **n'**y a **pas assez de** cinémas.
Et il y a **trop de** chiens!

Pour le dessert, je veux acheter:

un kilo	**d'**	oranges	ein Kilo Orangen
un paquet	**de**	sucre	eine Packung Zucker
une bouteille	**de**	lait	eine Flasche Milch
une tablette	**de**	chocolat	eine Tafel Schokolade
un peu	**de**	beurre	etwas Butter

Nach Mengenangaben folgt die Präposition ***de*** und das Nomen ohne Artikel. Vor einem Nomen, das mit einem Vokal oder mit einem stummen ***h*** beginnt, wird ***de*** zu ***d'***.

une bouteille	**d'**	eau
a bottle	**of**	water
eine Flasche	—	Wasser

45 On peut le faire ensemble.

U7 V2, p. 137
V3, p. 141

Das direkte Objektpronomen | Le pronom objet direct

Das kennst du schon:

Je **t'**invite.	Ich lade dich ein.
Tu **m'**énerves.	Du nervst.
On passe **le** chercher.	Wir holen ihn ab.

Il	**me**	comprend.
Je	**te**	retrouve devant le magasin.
Et le gâteau? On	**le**	fait ensemble.
La recette? Je ne	**la**	trouve pas.
Tu ne	**nous**	comprends pas?
Si, je	**vous**	comprends.
Les figurines? Théo	**les**	collectionne.

Anstelle eines direkten Objekts (▶ p. 25/23) kann im Satz auch ein Pronomen stehen: das direkte Objektpronomen. Die direkten Objektpronomen (***me***, ***te***, ***le***, ***la***, ***nous***, ***vous***, ***les***) verwendest du, um auf Personen und Sachen zu verweisen, von denen schon einmal die Rede war. So kannst du Wiederholungen vermeiden.

Die Objektpronomen stehen im Französischen vor dem konjugierten Verb.

Lukas		va		**les**	aider.
Je	ne	peux	pas	**vous**	inviter.

In einem Satz mit Infinitiv (z. B. im ***futur proche*** oder bei den Verben ***pouvoir*** und ***vouloir***), stehen die Objektpronomen direkt vor dem Infinitiv.

Wie kann ich mir das denn merken?

Mit diesem Spruch:
Ist ein Infinitiv im Satz,
hat das Pronomen davor Platz.

Tu	**m'**	accompagnes?
Oui, je	**t'**	accompagne.
Et la figurine, tu	**l'**	achètes?
Et le sucre, qui va	**l'**	acheter?

Vor einem Verb, das mit einem Vokal oder stummem ***h*** beginnt, werden die direkten Objektpronomen ***me***, ***te***, ***le***, ***la*** zu ***m'***, ***t'***, ***l'***. Dem ***l'*** kannst du nicht ansehen, ob es männlich oder weiblich ist. Das kannst du nur dem Zusammenhang entnehmen.

Hast du das verstanden? ▶ Solutions, p. 60

Ersetze die unterstrichenen direkten Objekte durch ein passendes Objektpronomen und setze die Objektpronomen an die richtige Stelle im Satz.

1. Théo collectionne les figurines.
2. Yasmine ne trouve pas la figurine.
3. Noah et Jade font le gâteau.
4. Théo adore les sketches d'Omar et Fred.
5. Yasmine va apporter le DVD.
6. Noah compose la chanson.
7. Les filles n'aiment pas le jeu vidéo.
8. Jade prend le gâteau dans la cuisine.

46 J'attends, tu attends, il attend, ...

U7 V3, p. 141

Die regelmäßigen Verben auf *-re* | Les verbes réguliers en *-re*

attendre

	Stamm	Endung	
J'	attend	**s**	ma sœur.
Tu	attend	**s**	le week-end?
Il/Elle/On	attend		les vacances.
Nous	attend	**ons**	ton mail.
Vous	attend	**ez**	vos corres.
Ils/Elles	attend	**ent**	leurs grands-parents à la maison.
Imperativ	Attend**s**. Attend**ez**.		

Attention! Das Verb ***prendre*** wird nicht wie ***attendre*** konjugiert!

Die regelmäßigenVerben auf ***-re*** haben im Singular die Endungen ***-s***, ***-s***, – und im Plural dieselben Endungen wie die regelmäßigen Verben auf ***-er***: ***-ons***, ***-ez***, ***-ent***.
Entendre wird genauso konjugiert wie ***attendre***.

AUF EINEN BLICK Endungen der regelmäßigen Verben auf ***-re***:
-s, ***-s***, –, ***-ons***, ***-ez***, ***-ent***

Hast du das verstanden? ▶ Solutions, p. 60

Konjugiere das Verb ***entendre***.

7 Fais le point

Hier kannst du überprüfen, was du in der *Unité* 7 gelernt hast.

1 Complète par le verbe *acheter*.

1. – Lukas, tu ? la figurine? – Moi? Oui, je l' ? .
2. – Nous ? la farine et le lait. – Vous ? aussi le chocolat? – D'accord.
3. Jade et Noah ? le beurre et les œufs. Et Clara ? le sucre.

2 Complète les phrases.

1. Tu prends (1 Kilo Mehl, 6 Eier, 3 Tafeln schwarze Schokolade).
2. Elle achète (1 Tüte Zucker, 1 Päckchen Butter, 2 Liter Milch).
3. Yasmine n'a (kein Geld mehr).
4. Nous n'avons (keine Milch mehr).

3 Réponds. Utilise des compléments d'objet direct. | Verwende die direkten Objektpronomen.

1. – J'adore les  de Titeuf. – Moi aussi, je ___ .
2. – Est-ce que Jade et Noah préparent le 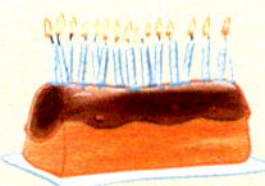 ? – Oui, ils ___ .
3. – Je ne trouve pas la  . – Moi non plus, je ___ .
4. – Est-ce que Yasmine accompagne  ? – Non, elle ___ .
5. – Est-ce que tu comprends la  ? – Oui, je ___ .
6. – Est-ce qu'on attend  ? – Non, on ___ .

4 *Attendre* ou *entendre*? Complète.

1. – Tu m' ? devant la cantine? – Non, je t' ? dans la cour.
2. Théo ? ses copains. Ils sont en retard.
3. – Tu ? la musique? – Comment? Je ne t' ? pas.
4. – Vous ? la chanson? C'est la chanson de Noah pour Théo.
5. Ils ? une guitare et des percussions dans la salle de séjour. Ce sont Max et Léon.
6. Dans la salle de classe, les élèves ? leur prof de français. Il est en retard.

▶ Solutions, p. 61

Module 8 À la gare

47 Où va ce train?

M8, p. 148

Der Demonstrativbegleiter *ce* | Le déterminant démonstratif *ce*

	maskulin		feminin
	vor Konsonant	vor Vokal / stummem h-	vor Konsonant und Vokal
Singular	ce train	cet ami	cette voie / cette idée
Plural	ces trains	ces amis	ces voies / ces idées

Die Demonstrativbegleiter verwendest du, wenn du auf bestimmte Personen oder Gegenstände hinweist: „dieser Zug", „dieses Gleis". Den Demonstrativbegleiter gleichst du in Genus und Numerus dem Nomen an, vor dem er steht. Im Plural gibt es nur eine Form für maskuline und feminine Nomen: ***ces***.
Cet steht nur vor maskulinen Nomen im Singular, die mit einem Vokal oder einem stummen ***h-*** beginnen. Bei der Aussprache machst du zwischen ***cet*** und ***cette*** keinen Unterschied: [sɛt]
Wenn ***ces*** vor einem Vokal oder einem stummen ***h-*** steht, wird das ***-s*** als [z] gebunden.

Nicht immer wird ***ce*** mit „dieser/diese/dieses" übersetzt:

ce matin	heute Morgen
ce soir	heute Abend
cet après-midi	heute Nachmittag

ces idées [sezide] diese Ideen
ses idées [sezide] seine Ideen

In der Aussprache gibt es zwischen ***ces*** („diese") und ***ses*** („seine/ihre") keinen Unterschied. Ob der Demonstrativbegleiter ***ces*** oder der Possessivbegleiter ***ses*** gemeint ist, kannst du nur dem Zusammenhang entnehmen.

Hast du das verstanden?

▶ Solutions, p. 61

Ergänze die Sätze mit der passenden Form des Demonstrativbegleiters ***ce***.
1. J'aime ? chanson. 2. Est-ce que tu aimes ? chanteur? 3. Pour mon anniversaire, je voudrais ? guitare. 4. Comment est-ce que tu trouves ? livre? 5. J'adore ? bonbons! 6. Maman, on peut acheter ? ananas? 7. Je n'aime pas trop ? endroit. 8. J'aimerais avoir ? informations.

Tu comprends cet exercice?

Non, je lis d'abord ce texte.

Vive les vacances!

48 On va à Paris pour monter à la tour Eiffel.

U8 V2, p. 157

Pour **mit Infinitiv** | *Pour* **avec l'infinitif**

Nous allons à Paris Wir fahren nach Paris	pour visiter Notre-Dame. um Notre-Dame zu besichtigen.
Il y a un feu d'artifice Es gibt ein Feuerwerk	pour fêter le 14 juillet. um den 14. Juli zu feiern.

Mit ***pour*** + Infinitiv kannst du einen Zweck oder eine Absicht angeben.
Der Infinitiv mit ***pour*** entspricht dem deutschen „um ... zu".
Im französischen Satz steht die Ergänzung hinter dem Infinitiv. Im Deutschen steht die Ergänzung vor dem Infinitiv mit „zu".

Hast du das verstanden?

▶ Solutions, p. 61

Ergänze die Sätze. Gib die Absicht an.

1. J'aimerais aller en montagne ?.
2. Les Pyrénées sont super ?.
3. Les garçons vont à la plage ?.

49 Quand il fait chaud, on va à la plage.

U8 V2, p. 157

Der Nebensatz mit *quand* | **La proposition subordonnée avec** *quand*

Quand il fait beau, on va à la plage. — Wenn es heiß ist,...
Quand il pleut, on reste à la maison. — Wenn es regnet, ...

		Subjekt	Verb	Ergänzung
(FR)	Quand	il	fait	chaud, ...
		Subjekt	Ergänzung	Verb
(DE)	Wenn	es	heiß	ist.

AUF EINEN BLICK Nebensatz mit ***quand***:
quand + Subjekt + Verb (+ Ergänzung)

– **Quand est-ce que** tu regardes la télé?	Wann siehst du fern?
– **Quand** il fait froid.	Wenn es kalt ist.
– Et **quand** il fait chaud?	Und wenn es warm ist?
– Je regarde la télé **quand même**!	Dann sehe ich trotzdem fern!

In ***quand même*** kommt ***quand*** vor. Trotzdem heißt es „trotzdem"!

50 Paris est une ville intéressante.

U8 V2, p. 157

Das nachgestellte Adjektiv | L'adjectif postposé

Clara écoute son	**CD**	**préféré**.
Emily écrit à sa	**grand-mère**	**anglaise**.
Jade parle aux	correspondants	allemands.
Mesut téléphone aux	amies	françaises.

Im Deutschen und im Englischen stehen Adjektive vor dem Nomen:
„eine französische Stadt", „a French city".
Im Französischen stehen die meisten Adjektive hinter dem Nomen: ***une ville française***.

Denke daran, das Adjektiv in Genus und Numerus an das Nomen, hinter dem es steht, anzugleichen.

Hast du das verstanden? ▶ Solutions, p. 61

Ergänze die Sätze mit den Adjektiven. Achte auf deren Stellung und deren Angleichung.

1. Voilà Amandine, ma correspondante. *(français)*
2. À Paris, on visite un musée. *(immense)*
3. Avec Bilal et Nathan, je passe un après-midi. *(intéressant)*
4. Monsieur Simon et Monsieur Noiret, ce sont des professeurs. *(sympathique)*
5. Devant la tour Eiffel, Naïma prend une photo. *(magnifique)*
6. Pendant les vacances, Christelle visite des villages. *(anglais)*

Fais le point

Hier kannst du überprüfen, was du in der *Unité* 8 gelernt hast.

1 Où vont les jeunes et pourquoi? Fais des phrases.

Exemple: 1. Khalil va au stade pour faire du sport.

acheter des spaghettis — acheter des gâteaux — acheter des livres et des bédés
faire du sport — emprunter des livres, des CD et des DVD — faire ses devoirs

1. Khalil / le stade

2. Marie / le CDI

3. Jérémy / la salle de permanence

4. Naomi / la librairie

5. Ibrahim / le supermarché

6. Natasha / la boulangerie

2 Complète les phrases.

1. Yasmine appelle Clara (wenn sie nach Straßburg zurückkommt).
2. (Wenn es regnet), je préfère rester à la maison.
3. (Wenn das Wetter nicht schön ist), on peut jouer une partie de cartes.
4. Elle est jolie (wenn sie lacht).

3 Complète par les adjectifs. Attention à l'accord.

1. – Cet après-midi, on peut visiter un musée ?. (intéressant)
   – Ah oui, c'est une idée ?. Je suis d'accord! (super)
2. Dans mon quartier, il y a des rues ? (sympathique)
   et des places ?. (tranquille)
   Dans ma rue, il y a un café ?. (français)
   Il y a aussi une piscine ?. (immense)
3. Dans notre CDI, il y a des livres ?. Je les adore. (magnifique)
   Mais il y a aussi une documentaliste ?. C'est l'horreur! (bavard)

▶ Solutions, p.61

51 Buchstaben und Laute | Les lettres et les sons

Wie sprichst du ein ***-e*** aus? [ə], [e] oder [ɛ]?

	Schreibung		Aussprache
le, **de**, **re**garder	e	[ə]	wie in z**ö**gern
écouter, **é**cole	é	[e]	wie in S**ee**
m**è**re, p**è**re, étag**è**re	è	[ɛ]	wie in W**e**lt, **E**nte
être, r**ê**ver, f**ê**te	ê	[ɛ]	wie in W**e**lt, **E**nte

Die Buchstaben ***è*** und ***ê*** werden vollkommen gleich ausgesprochen.

Wie sprichst du ein ***-c*** aus? [k] oder [s]?

	Schreibung		Aussprache
cadeau, **co**llège, **cu**isine	c	[k]	Vor ***a***, ***o***, ***u*** wird ***c*** wie [k] gesprochen.
c'est, **ce**nt, **ci**néma, mer**ci**	c	[s]	vor ***e***, ***i*** wird ***c*** wie [s] gesprochen.
Fran**ça**is, **ça**, gar**ço**n	ç	[s]	**!** Soll ein ***c*** vor ***a***, ***o***, ***u*** auch wie [s] gesprochen werden, erhält es eine „cédille": ***ç***.

Wie sprichst du ein ***-g*** aus? [g] oder [ʒ]?

	Schreibung		Aussprache
garçon, ri**go**ler	g	[g]	***g*** wird vor ***a***, ***o***, ***u*** wie [g] gesprochen.
génial, â**ge**, bou**gi**e, aller**gi**e	g	[ʒ]	***g*** wird vor ***e***, ***i*** wie [ʒ] gesprochen.
nous man**geo**ns	ge	[ʒ]	**!** Soll ein ***g*** vor ***a***, ***o***, ***u*** auch wie [ʒ] gesprochen werden, schreibt man ***-ge-***.
guitare, bla**gue**	gu	[g]	**!** Soll ein ***g*** vor ***e***, ***i*** auch [g] gesprochen werden, schreibt man ***-gu-***.

Wie sprichst du ein ***-h*** aus?

Im Französischen gibt es zwei ***h***: das ***h muet*** (stummes ***h***) und das ***h aspiré*** (behauchtes ***h***). Sie haben beide gemeinsam, dass sie nicht ausgesprochen werden. Beginnt ein Wort mit einem ***h***, spricht man es so aus, als würde es mit dem Laut beginnen, der hinter dem ***h*** steht: ***hiver*** [ivɛʀ], ***hobby*** [ɔbi], ***heure*** [œʀ].

Trotzdem gibt es Unterschiede! Ein ***h muet*** (stummes ***h***) wird behandelt wie ein Vokal:

	Vor einem stummen ***h***
l'hiver, l'heure	– apostrophierst du den bestimmten Artikel,
j'habite	– apostrophierst du ***je***,
mon‿hiver *f.*	– verwendest du ***mon***, ***ton***, ***son***, nicht ***ma***, ***ta***, ***sa***.

Ein behauchtes ***h*** (***h aspiré***) behandelst du aber wie einen Konsonanten. Bisher kennst du drei Wörter, die mit ***h aspiré*** beginnen: ***le hamac***, ***le hamster*** und ***le hobby***.

	Vor einem behauchten ***h***
le hamac, **le** hamster, **le** hobby	– verwendest du ***le*** und ***la***, (nicht ***l'***).
mon hamac, **mon** hamster, **mon** hobby	– bindest du das ***-n*** von ***mon*** nicht.

Welches ***h*** behaucht und welches ***h*** stumm ist,
musst du mit jedem Wort, das mit ***h*** beginnt, mitlernen.
Mein Tipp: Meistens ist das ***h*** stumm.

52 Die Konjugation der Verben | La conjugaison des verbes

52.1 Die Hilfsverben *avoir* und *être* | Les verbes auxiliaires *avoir* et *être*

infinitif		**avoir**		**être**
présent	j'	ai	je	suis
	tu	as	tu	es
	il/elle/on‿	a	il/elle/on‿	est
	nous‿	avons	nous	sommes
	vous‿	avez	vous‿	êtes
	ils/elles‿	ont	ils/elles	sont

52.2 Die regelmäßigen Verben auf *-er* | Les verbes réguliers en *-er*

infinitif		**regarder**	
		Stamm	Endung
présent	je	regard	**e**
	tu	regard	**es**
	il/elle/on	regard	**e**
	nous	regard	**ons**
	vous	regard	**ez**
	ils/elles	regard	**ent**
impératif		Regarde. Regardons. Regardez.	

ebenso: accompagner, adorer, aider, aimer, apporter, arriver, chanter, chatter, chercher, collectionner, composer, compter, continuer, coûter, crier, danser, demander, détester, écouter, embrasser, emprunter, fermer, fêter, garder, habiter, inviter, jouer, monter, nager, noter, observer, parler, passer, préparer, présenter, rentrer, rester, retourner, retrouver, rêver, rigoler, souffler, surfer, téléphoner, travailler, trouver, visiter.

Die folgenden Verben auf ***-er*** haben jeweils eine Besonderheit:

		acheter		appeler		commencer
infinitif		**acheter**		**appeler**		**commencer**
présent	j'	achète	j'	appelle	je	commence
	tu	achètes	tu	appelles	tu	commences
	il/elle/on	achète	il/elle/on	appelle	il/elle/on	commence
	nous	achetons	nous	appelons	nous	commençons
	vous	achetez	vous	appelez	vous	commencez
	ils/elles	achètent	ils/elles	appellent	ils/elles	commencent
impératif		Achète.		Appelle.		Commence.
		Achetons.		Appelons.		Commençons.
		Achetez.		Appelez.		Commencez.

		manger		préférer
infinitif		**manger**		**préférer**
présent	je	mange	je	préfère
	tu	manges	tu	préfères
	il/elle/on	mange	il/elle/on	préfère
	nous	mangeons	nous	préférons
	vous	mangez	vous	préférez
	ils/elles	mangent	ils/elles	préfèrent
impératif		Mange.		Préfère.
		Mangeons.		Préférons.
		Mangez.		Préférez.

ebenso: répéter

52.3 Die regelmäßigen Verben auf *-re* | Les verbes réguliers en *-re*

infinitif		**attendre**	
		Stamm	Endung
présent	j'	attend	**s**
	tu	attend	**s**
	il/elle/on	attend	
	nous	attend	**ons**
	vous	attend	**ez**
	ils/elles	attend	**ent**
impératif		Attends.	
		Attendons.	
		Attendez.	

ebenso: entendre

52.4 Les verbes irréguliers | Die unregelmäßigen Verben

infinitif		**aller**		**dire**		**écrire**
présent	je	vais	je	dis	j'	écris
	tu	vas	tu	dis	tu	écris
	il/elle/on	va	il/elle/on	dit	il/elle/on	écrit
	nous	allons	nous	disons	nous	écrivons
	vous	allez	vous	dites [dit]	vous	écrivez
	ils/elles	vont	ils/elles	disent	ils/elles	écrivent
impératif		Va.		Dis.		Écris.
		Allons.		Disons.		Écrivons.
		Allez.		Dites.		Écrivez.

infinitif		**faire**		**lire**		**pouvoir**
présent	je	fais	je	lis	je	peux
	tu	fais	tu	lis	tu	peux
	il/elle/on	fait	il/elle/on	lit	il/elle/on	peut
	nous	faisons	nous	lisons	nous	pouvons
	vous	faites [fɛt]	vous	lisez	vous	pouvez
	ils/elles	font	ils/elles	lisent	ils/elles	peuvent
impératif		Fais.		Lis.		
		Faisons.		Lisons.		
		Faites.		Lisez.		

infinitif		**prendre**		**vouloir**
présent	je	prends	je	veux
	tu	prends	tu	veux
	il/elle/on	prend	il/elle/on	veut
	nous	prenons	nous	voulons
	vous	prenez	vous	voulez
	ils/elles	prennent	ils/elles	veulent
impératif		Prends.		
		Prenons.		
		Prenez.		

ebenso: comprendre

52.5 Das futur proche | Le futur proche

	faire	
je	vais	faire
tu	vas	faire
il/elle/on	va	faire
nous	allons	faire
vous	allez	faire
ils/elles	vont	faire

Unité 1

p. 8/2 1. Il est de Berlin. 2. Ils sont en cinquième. 3. Ils sont en sixième A. 4. Elles sont cool. 5. Elle est aussi dans la classe de Clara.

p. 9/4 l'école, la cour, le garçon, la fille, le surveillant, l'ami, l'amie, la classe

p. 10/5 les garçons, les filles, les élèves, les professeurs, les amis, les amies, les cours, les classes, les surveillants, les écoles, les effaceurs, les cahiers, les stylos, les règles, les crayons, les classeurs

Fais le point 1

p. 11/1 1. Voilà Lukas Goll. Il est de Berlin.
2. – Tu t'appelles comment? – Je m'appelle Théo.
3. – Lukas et Théo, vous êtes en sixième B? – Non, nous sommes en sixième A.
4. – La fille, c'est qui? – C'est Lara. Elle est dans la classe de Lukas.
5. Voilà Yasmine et Clara. Elles sont en sixième A.
6 Clara et moi, on est en sixième A. On est ensemble.
7. – C'est qui? – Jade et Noah. Ils sont en cinquième.
8. Salut! Yasmine, Lukas et moi, on est les amis de Théo!

p. 11/2 1. – Je m'appelle Lukas. Je suis de Berlin.
– Tu es en cinquième?
– Non, je suis en sixième.
2. – Et vous, vous êtes aussi en sixième?
– Non, nous sommes en cinquième.
3. – Théo est de Paris?
– Non, il est de Strasbourg.
4. Yasmine et Clara sont en sixième A.
Elles sont ensemble.
5. Lukas et Théo sont dans la cour.

p. 11/3

le garçon	les garçons	les surveillants	l'école	la règle
la fille	la classe	les amis	les amies	l'élève
les élèves	les écoles	le crayon de couleur	les effaceurs	la cour
le stylo	l'effaceur	le surveillant	les professeurs	les cahiers
l'amie	le cahier	la récréation	le classeur	les filles

Unité 2

p. 12/6 une lampe, un bureau, des posters, une étagère, une chaise, un ordinateur, une armoire, un lit, des photos, une guitare, des pierres, un globe, un professeur, une école, des élèves.

p. 13/8 1. Où est Clara? 2. Où sont les livres? 3. Où sont Karim et Bilal? 4. Où est le cahier?

p. 13/9

jouer	**chercher**	**téléphoner**
je joue	je cherche	je téléphone
tu joues	tu cherches	tu téléphones
il/elle/on joue	il/elle/on cherche	il/elle/on téléphone
nous jouons	nous cherchons	nous téléphonons
vous jouez	vous cherchez	vous téléphonez
ils/elles jouent	ils/elles cherchent	ils/elles téléphonent

p. 14/10 1. Jade et Noah, chantez. 2. Clara, regarde dans le livre. 3. Lukas, joue avec Théo. 4. Monsieur Fabre, écoutez le CD.

Fais le point 2

p. 15/1 Dans ma chambre, il y a un lit, un bureau, une chaise, un ordinateur, une armoire, des étagères, une lampe, une minichaîne, des posters et une guitare.

p. 15/2 1. Voilà la chambre de Théo. Il y a un poster de Paris et des bédés partout: sur le lit, sur le bureau, dans l'armoire.
2. Regarde, la télécommande est là, à gauche, sur la table. Non, devant la lampe!
3. – Qu'est-ce que tu fais?
– J'écoute un CD et je chatte sur Internet.
4. C'est la récréation. Les élèves jouent dans la cour de l'école.

p. 15/3 1. – Les garçons, vous jouez avec moi?
– Non, pas maintenant. Nous travaillons.
– Vous travaillez ou vous rêvez?
– Tu m'énerves!
2. – Yasmine, qu'est-ce que tu fais?
– Je téléphone!
3. Après l'école, Yasmine rentre à la maison, elle écoute un CD ou elle chatte avec des copines.
4. Karim et Bilal cherchent des informations sur Internet. Après, ils regardent la télé.

p. 15/4 1. Où sont les filles? 2. Monsieur Martel, qu'est-ce que vous cherchez? 3. Où est la chambre de Clara?
4. Qu'est-ce qu'il y a? 5. Qu'est-ce que tu fais? 6. Où est Monsieur Martel?

Module 2

p. 16/11 1. Qu'est-ce que tu lis?
2. Lukas lit un livre de Jules Verne.
3. Yasmine et Clara lisent une bédé.
4. Vous lisez la bédé ensemble?
5. Oui, moi, je lis et Clara écoute.

p. 16/12 1. Théo et Clara écrivent une bédé.
2. J'écris un livre sur Strasbourg.
3. Et toi, qu'est-ce que tu écris?
4. Vous écrivez la bédé ensemble?
5. Monsieur Martel écrit une phrase au tableau.

Fais le point Module 2

p. 17/1 a Camille: Qu'est-ce que tu lis?
Clara: Je lis «Astérix et Cléopatre».
Camille: On lit la bédé ensemble? S'il te plaît, Clara!
Clara: D'accord, nous lisons une page ensemble. Une!
b Camille: Regarde, Clara, j'écris «Camille» sur mon cahier.
Clara: On écrit «Camille» avec deux L.
Camille: D'accord. Clara, tu écris «Fabre» sur mon cahier?
Clara: Non, nous écrivons «Fabre» ensemble. Regarde, on écrit F-A-B-R-E.

p. 17/2 1. Robert, ferme le livre. 2. Yasmine et Clara, regardez le tableau. 3. Bilal et Nathan, écoutez le CD.
4. Karim, Jade et Simon, chantez le rap. 5. Alexandre, écoute le CD. 6. Madame Brun, regardez les photos.
7. Christophe, lis le texte. 8. Emma et Aziz, écrivez un texte. 9. Anne et Laure, répétez le rap.
10. Nora et Philippe, continuez la partie de cartes.

p. 17/3 1. Écoute, c'est Tokio Hotel! 2. Jouez avec moi! 3. Continue, Théo! / Travaille, Théo!
4. Regardez, voilà Monsieur Martel.

Unité 3

p. 19/13 1. Fanny a un frère. Son frère s'appelle Marius. 2. Paul a un frère. Son frère s'appelle Philippe.
3. Laura a une sœur. Sa sœur s'appelle Louise. 4. Victor a une sœur. Sa sœur s'appelle Emma.
5. Hugo a deux sœurs. Ses sœurs s'appellent Flore et Julie.
6. Laëtitia a deux frères. Ses frères s'appellent Julien et Raphaël.

p. 20/15 1. Ma copine Camille est très bavarde. 2. Lukas est nouveau dans ma classe. Il est sympa.
3. Mon lapin est très joli. 4. Eva a deux perruches. Elles sont intelligentes et jolies.
5. Regarde les lapins. Ils sont adorables. 6. Les deux cousines de Max sont super.
7. Les chats de Louise sont jolis. 8. Le chat d'Eva est adorable, mais son chien est moche.

p. 21/17 1. Quel est le hamac de Jade? 2. Quelle est ta clé? 3. Quelle est la chaise de ton frère?
4. Quels sont les CD de Lukas? 5. Quelle est la chambre de Clara? 6. Quelles sont les figurines de Théo?

p. 21/18 1. Où habite Théo? 2. Où est Karim? 3. Que fait ton cochon d'Inde? 4. Comment chante ta perruche?
5. Que lit Jade?

Fais le point 3

p. 22/1 – Ta grand-mère habite à Strasbourg?
– Oui, elle habite avec nous. Ma grand-mère, mon père, ma mère, mes sœurs et moi, nous habitons ensemble dans un appartement. Et toi? Tes grands-parents habitent avec vous?
– Non, ils habitent à Colmar, avec mon arrière-grand-mère.

p. 22/2 J'ai un cousin. Il habite à Lyon avec son père et son chien Nougat. Son père travaille dans un bar à jus de fruit. Sa mère habite à Marseille avec sa sœur. Sa sœur a deux lapins. Ses lapins s'appellent Cosette et Marius.
– C'est qui?
– C'est Paul et son amie Marie.
– Et là, c'est qui?
– C'est Virginie avec son ami Frédéric.

p. 22/3 1. Tu as quel âge? 2. J'ai douze ans. 3. Yann a un frère et deux sœurs.
4. Ses sœurs ont un cochon d'Inde. 5. ous avez aussi un animal? 6. Nous avons un chat.

p. 22/4 1. La tortue est moche! Mais non, elle est adorable. 2. Tes lapins sont très jolis.
3. Tes poissons sont aussi jolis mais bêtes. 4. Mes perruches sont très bavardes. Elles sont adorables.
5. Mon chien est super et très intelligent. 6. Tes bédé sont super. 7. Ton amie Anne est cool.
8. Le frère de Damien est bête.

p. 22/5 1. Qui travaille à Paris? 2. Qui a un hamster? 3. Qui est de Lyon? 4. Qui a des problèmes à la maison?

Module 4

p. 23/19 1. Il est huit heures et quart. 2. Il est dix heures vingt. 3. Il est quatre heures et demie.
4. Il est une heure moins le quart. 5. Il est midi dix. 6. Il est onze heures moins cinq.

Unité 4

p. 24/20 1. – Tu fais de la musique? – Oui, je fais des percussions. 2. – Qu'est-ce que vous faites? – Nous faisons du tennis. 3. – Et Clara? – Clara et Yasmine font de l'athlétisme. Et Clara fait aussi de la guitare.

p. 24/21 1. Tu fais du sport? 2. Oui, je fais de l'athlétisme et du foot.
3. Vous faites aussi de la musique? 4. Oui, moi je fais des percussions et mon frère fait de la guitare.

p. 25/22 1. Filou préfère la musique classique. 2. Vous préférez le rap? 3. Tu préfères les bédés?
4. Nous préférons le théâtre. 5. Mes parents préfèrent le cinéma.

p. 26/23 1. J'aime la musique et j'adore chanter. 2. Mon frère préfère le tennis et l'aviron.
3. Ma sœur déteste le sport. Mais elle aime les percussions. 4. Marine aime les chats.

p. 26/24 1. Amandine ne téléphone pas. 2. Théo n'aime pas Sinik. 3. Ludovic ne passe pas les week-ends en famille. 4. Le père de Philippe n'habite pas à Strasbourg. 5. Mme Vidal ne chante pas dans un groupe.

p. 27/26 **vouloir** 1. Théo et Lukas veulent faire de l'aviron sur l'Ill. 2. Lukas veut inviter son copain.
3. – Vous voulez faire une balade dimanche? – Non, nous voulons être tranquilles le week-end.
4. – Tu ne veux pas écouter un CD? – Non, je veux jouer une partie de cartes.
pouvoir 1. – Est-ce que je peux inviter un copain? – Oui. Tu peux inviter un copain. 2. – Maman, on peut regarder la télé? – Non, mais vous pouvez jouer au foot! 3. Max et Jonas peuvent faire du ski en hiver.

p. 28/28 1. Est-ce que Théo peut inviter Lukas? 2. Est-ce que ses parents sont d'accord? 3. Est-ce qu'ils passent chercher Lukas à dix heures? 4. Est-ce qu'ils font une balade dimanche?

Fais le point 4

p. 29/1 1. – Mon frère fait de la guitare.
– Et toi, tu fais de la musique?
– Non, je fais du sport.

2. – Vous faites du sport?
– Oui, nous faisons de l'athlétisme et de l'aviron.

p. 29/2 1. Max fait du sport: Il joue au tennis et au foot.
2. Son frère fait de la musique. Il joue de la flûte.
3. Sa sœur fait du théâtre et de l'athlétisme.

p. 29/3 1. Philippe aime la musique classique mais il préfère le rap.
2. Clara adore/aime le théâtre et la musique mais elle déteste le sport.
3. Nous aimons les livres. 4. Mes parents détestent les chiens mais ils adorent/aiment les chats.

p. 29/4 1. Le chat Filou n'aime pas la musique de Clara. 2. Les parents de Lukas ne cherchent pas la télécommande.
3. Théo n'écoute pas Sinik. 4. Sarah ne chante pas bien. 5. Simon et son ami Thomas n'ont pas dix ans.

p. 29/5 1. Tu veux faire une balade avec nous? 2. Je veux faire une balade avec Théo.
3. Nous voulons passer chez Yasmine. 4. Elle ne veut pas chanter dans un groupe.
5. Vous voulez faire du ski en hiver? 6. Les filles veulent faire du théâtre.

p. 29/6 1. Maman, je peux inviter une copine? 2. On peut regarder la télé? 3. Tu peux répéter ton nom?
4. Nous ne pouvons pas passer à dix heures. 5. Elles ne peuvent pas aller chez Lisa.
6. Vous pouvez jouer dans la chambre?

p. 29/7 1. Est-ce que Théo joue au foot? 2. Est-ce que les parents de Théo aiment les tortues?
3. Est-ce que je peux passer chez Clara?

Unité 5

p. 30/29 1. Les élèves sont à la cantine. 2. Le prof d'EPS est au gymnase. 3. Lukas est aux toilettes.
4. Jade est à l'infirmerie.

p. 30/30 Beispiellösung: 1. – Éric et Nora, vous cherchez vos livres? – Non, papa, nous cherchons nos cahiers.
2. Voilà Ahmed, Saïd et leurs sœurs. 3. – Anne et Lou, où est votre chambre? – Notre chambre est à gauche de la cuisine. 4. Julien et Laure jouent avec leur chien.

p. 31/31 1. Elle va au CDI. 2. Je vais à l'école. 3. Nous allons à Strasbourg. 4. Vous allez à la cantine?
5. Elles vont au TJP. 6. Il va chez Karim. 7. Ils vont à la Vitamine C.

p. 31/32 **a** 1. Ils sont bons en français. 2. Marie est bonne en SVT. 3. Alexandre est bon en EPS.
4. Elles sont bonnes en musique.
b 5. Elle est nulle en maths. 6. Léa et Lola sont nulles en français. 7. Hugo et sa sœur sont nuls en allemand.
8. Il est nul en EPS.

p. 32/33 1. Le lundi, on a français. 2. Mardi, j'ai une interro de maths. 3. Mercredi, je vais au CDI avec Yann.
4. Le jeudi, les filles mangent à la cantine.

p. 33/34 1. Pourquoi est-ce que Clara aime le mercredi? Clara aime le mercredi parce qu'elle a une heure d'allemand.
2. Pourquoi est-ce que Noah aime le lundi? Noah aime le lundi parce qu'il a deux heures de maths.
3. Pourquoi est-ce qu'Alexis ne mange pas à la cantine? Alexis ne mange pas à la cantine parce qu'il déteste les spaghettis. 4. Pourquoi est-ce qu'Anna ne va pas au cinéma samedi? Anna ne va pas au cinéma samedi parce qu'elle a une interro lundi.

p. 33/35 Beispiellösung: 1. Quand est-ce que tu vas à l'école? 2. À quelle heure est-ce que les élèves vont à la cantine?
3. Pourquoi est-ce que Jade aime manger à la cantine le vendredi? 4. Où est-ce qu'ils vont lundi matin?
5. Comment est-ce que tu écris «nul» dans ta phrase?

p. 35/37 1. Tu vas faire une balade dans les Vosges? 2. Samedi, je vais aller à Strasbourg. 3. Noah va préparer des spaghettis. 4. Nous n'allons pas manger au musée. 5. Vous allez chanter avec Yasmine? 7. Ils vont visiter Strasbourg en bateau. 8. Elle ne va pas chatter avec ses copines.

p. 36/38 1. Clara téléphone à Yasmine. 2. Noah veut parler au professeur de français.
3. Madame Leforestier parle aux élèves. 4. Théo aime le dessin et la bédé.
5. Amandine aime écouter les CDs de Zaz. 6. Jade dit bonjour à la mère de Lukas.

Fais le point 5

p. 37/1 1. Clara et Camille sont dans leur chambre. Elles cherchent leurs bédés et leur nouveau CD.
2. – Yasmine, Clara! Est-ce que vous faites vos devoirs de français?
– Non maman, nous faisons nos devoirs de maths.
3. – Les garçons, qu'est-ce que vous faites?
– On cherche notre DVD de Titeuf!
– Votre DVD de Titeuf? Mais il est là, devant vous!

p. 37/2 1. – Est-ce que tu vas à la cantine? – Oui, je vais à la cantine .
2. – Est-ce que Noah va chez Karim lundi? – Non, il ne va pas chez Karim.
3. – Est-ce que vous allez au CDI après la cantine? – Oui, nous allons au CDI.
4. – Est-ce que les élèves de Kehl vont au Vaisseau? – Non, ils ne vont pas au Vaisseau.

p. 37/3 1. Ils vont au gymnase. 2. Ils vont à l'école de musique. 3. Ils vont à la cantine. 4. Ils vont aux toilettes.
5. Ils sont au parc. 6. Ils sont au secrétariat. 7. Ils sont à l'infirmerie. 8. Il sont à la maison.

p. 37/4 1. Marie est bonne en musique, mais nulle en EPS. 2. Alexandre est bon en maths, mais nul en allemand.
3. Amandine est bonne en EPS. 4. Noah et Karim sont bons en EPS, mais nuls en musique.
5. Lola et Léa sont bonnes en français, mais nulles en SVT. 6. Sarah est nulle en maths.

p. 38/5 Beispiellösung: 1. Quand est-ce que tu as EPS? 2. À quelle heure est-ce que tu vas à la cantine aujourd'hui?
3. Pourquoi est-ce que tu ne vas pas à la cantine? 4. Où est-ce que tu vas?

p. 38/6 1. Noah aime le lundi parce qu'il a deux heures de maths. 2. Elle aime les SVT parce que c'est très intéressant.
3. Lundi, Karim ne va pas chez Bilal parce qu'il a sept heures de cours.

p. 38/7 1. Le lundi, j'ai deux heures de (musique). 2. Vendredi, on écrit / nous écrivons une interro de français.
3. Mon copain et moi, on fait / nous faisons (de l'aviron) le samedi. 4. Dimanche, on va / nous allons (au cinéma).

p. 38/8 1. Je vais faire mes devoirs demain. 2. Tu vas passer le week-end à Genève.
3. Les élèves de Kehl vont arriver lundi. 4. Est-ce que vous allez visiter le Musée du chocolat?
5. Qu'est-ce que nous allons manger? 6. Théo n'a pas ses devoirs. Il va avoir des problèmes.

Unité 6

p. 39/40 **prendre** 1. – Qu'est-ce que tu prends? – Je prends un dessert.
2. Noah prend un jus de fruits et les filles prennent le gâteau au chocolat.
comprendre – Vous comprenez? – Non, nous ne comprenons pas. 2. Je ne comprends pas le mot «lapin».

p. 40/41 1. Karim ne fait rien. 2. Jade ne fait plus ses devoirs. 3. Noah ne va jamais au cinéma.
4. Lukas ne veut rien manger. 5. Clara ne veut plus chatter avec Yasmine.
6. Ses parents ne vont jamais comprendre son problème.

p. 41/42 1. Nous n'avons pas assez d'eau. 2. Il y a assez de spaghettis. 3. Il n'y a plus de gâteau au chocolat.
4. Elle a beaucoup d'enfants. 5. Noah n'a pas de chat. 6. Nous avons trop d'interros.

Fais le point 6

p. 42/1 1. – Tu prends les spaghettis? – Non, je prends le pâté.
2. – Tu comprends le mot «lapin»? – Non, je ne comprends pas.
3. – Bonjour, qu'est-ce que vous prenez? – On prend deux pains.
4. – Et les filles, qu'est-ce qu'elles prennent? – Elles prennent deux bouteilles de jus de fruits.

p. 42/2 1. Non, elle ne chante plus dans un groupe. 2. Non, ils ne font rien.
3. Non, elles ne chattent jamais sur Internet. 4. Non, il n'aime plus le basket.

p. 42/3 1. Il a beaucoup de stylos, mais il n'a pas de cahier. 2. Elle a beaucoup de livres, mais elle n'a pas d'étagères.
3. Il a beaucoup de DVD, mais il n'a pas de télé. 4. Il a beaucoup de fans, mais il n'a pas d'amis.
5. Ils ont beaucoup de spaghettis, mais ils n'ont pas de sauce tomate.
6. Elle a beaucoup de gâteaux, mais elle n'a pas de pain / plus de pain.

p. 42/4 1. Nous n'avons pas assez de vacances. 2. Dans notre quartier, il n'y a plus de supermarché.
3. Nous n'avons pas de chien. 4. Noah a beaucoup d'amis. 5. Yasmine a trop d'idées.

Unité 7

p. 45/45 1. Théo les collectionne. 2. Yasmine ne la trouve pas. 3. Noah et Jade le font. 4. Théo les adore.
5. Yasmine va l'apporter. 6. Noah la compose. 7. Les filles ne l'aiment pas. 8. Jade le prend dans la cuisine.

p. 45/46 **entendre**

j'entends	nous entendons
tu entends	vous entendez
il/elle/on entend	ils/elles entendent

Fais le point 7

p.46/1 1. – Lukas, tu achètes la figurine? – Moi? Oui, je l'achète.
2. – Nous achetons la farine et le lait. – Vous achetez aussi le chocolat? – D'accord.
3. Jade et Noah achètent le beurre et les œufs. Et Clara achète le sucre.

p.46/2 1. Tu prends un kilo de farine, six œufs, trois tablettes de chocolat noir.
2. Elle achète un paquet de sucre, un paquet de beurre, deux litres de lait.
3. Yasmine n'a plus d'argent. 4. Nous n'avons plus de lait.

p.46/3 1. – J'adore les bédés de Titeuf. – Moi aussi, je les adore.
2. – Est-ce que Jade et Noah préparent le gâteau? – Oui, ils le préparent.
3. – Je ne trouve pas la télécommande. – Moi non plus, je ne la trouve pas.
4. – Est-ce que Yasmine accompagne Clara? – Non, elle ne l'accompagne pas.
5. – Est-ce que tu comprends la recette? – Oui, je la comprends.
6. – Est-ce qu'on attend Noah? – Non, on ne l'attend pas.

p.46/4 1. – Tu m'attends devant la cantine? – Non, je t'attends dans la cour.
2. Théo attend ses copains. Ils sont en retard.
3. – Tu entends la musique? – Comment? Je ne t'entends pas.
4. – Vous entendez la chanson? C'est la chanson de Noah pour Théo.
5. Ils entendent une guitare et des percussions dans la salle de séjour. Ce sont Max et Léon.
6. Dans la salle de classe, les élèves attendent leur prof de français. Il est en retard.

Module 8

p.47/47 1. J'aime cette chanson. 2. Est-ce que tu aimes ce chanteur? 3. Pour mon anniversaire, je voudrais cette guitare. 4. Comment est-ce que tu trouves ce livre? 5. J'adore ces bonbons! 6. Maman, on peut acheter cet ananas? 7. Je n'aime pas trop cet endroit. 8. J'aimerais avoir ces informations.

Unité 8

p.48/48 1. J'aimerais aller en montagne pour faire du camping. 2. Les Pyrénées sont super pour faire des randonnées. 3. Les garçons vont à la plage pour nager.

p.49/50 1. Voilà Amandine, ma correspondante française. 2. À Paris, on visite un musée immense. 3. Avec Bilal et Nathan, je passe un après-midi intéressant. 4. Monsieur Simon et Monsieur Noiret, ce sont des professeurs sympathiques. 5. Devant la tour Eiffel, Naïma prend une photo magnifique. 6. Pendant les vacances, Christelle visite des villages anglais.

Fais le point 8

p.50/1 1. Khalil va au stade pour faire du sport.
2. Marie va au CDI pour emprunter des livres, des CD et des DVD.
3. Jérémy va à la salle de permanence pour faire ses devoirs.
4. Naomi va à la librairie pour acheter des livres et des bédés.
5. Ibrahim va au supermarché pour acheter des spaghettis.
6. Natasha va à la boulangerie pour acheter des gâteaux.

p.50/2 1. Yasmine appelle Clara quand elle rentre à Strasbourg.
2. Quand il pleut, je préfère rester à la maison.
3. Quand il ne fait pas beau, on peut jouer une partie de cartes.
4. Elle est jolie quand elle rigole.

p.50/3 1. – Cet après-midi, on peut visiter un musée intéressant. – Ah oui, c'est une idée super. Je suis d'accord!
2. Dans mon quartier, il y a des rues sympathiques et des places tranquilles. Dans ma rue, il y a un café français. Il y a aussi une piscine immense.
3. Dans notre CDI, il y a des livres magnifiques. Je les adore. Mais il y a aussi une documentaliste bavard. C'est l'horreur!

Liste der grammatischen Begriffe | Liste des expressions grammaticales

In dieser Liste findest du alle Begriffe wieder, die im Grammatikheft von *À plus!* 1 verwendet werden. Die Zahlen in Klammern geben dir den Abschnitt und die Seite an, auf der du ausführliche Erklärungen zu den Begriffen findest. Suchst du einen Begriff, der aus einem Nomen und einem anderen Wort besteht, musst du unter dem Nomen nachsehen. Erklärungen zum bestimmten Artikel findest du also unter: Artikel, bestimmter.

Adjektiv
(un adjectif), Eigenschaftswort. Beschreibt Personen oder Sachen: *Il est grand.* (Er ist groß.) (p. 19/15; p. 31/32) Die meisten französischen Adjektive stehen hinter dem → Nomen: *Un livre **intéressant**.* (p. 49/50)

Akzent
(un accent). Im Französischen gibt es drei Akzente, die über einem Vokal stehen können: ***é** (accent aigu), **è** (accent grave), **ê** (accent circonflexe).* (*Annexe*, p. 51/51)

Apostroph
(une apostrophe), Auslassungszeichen. Zeigt an, dass an dieser Stelle ein Vokal ausgelassen wurde: *l'armoire, j'habite, c'est, je m'appelle.* (p. 9/4; p. 12/7; p. 13/9)

Artikel, bestimmter
(un article défini), bestimmtes Geschlechtswort. Im Französischen gibt es zwei bestimmte Artikel für den Singular: *le* und *la*. Der bestimmte Artikel im Plural ist *les*. Einen sächlichen Artikel gibt es im Französischen nicht: ***le** garçon* (der Junge), ***la** fille* (das Mädchen), ***les** parents* (die Eltern). (p. 9/4; p. 10/5)

Artikel, unbestimmter
(un article indéfini), unbestimmtes Geschlechtswort. Im Französischen gibt es zwei unbestimmte Artikel im Singular: *un* und *une: **un** lit* (ein Bett), ***une** chaise* (ein Stuhl). *Un* und *une* haben eine gemeinsame Pluralform (*des*), die es im Deutschen nicht gibt: ***des** livres* = Bücher. (p. 12/6)

Artikel, zusammengezogener
(un article contracté). Die → bestimmten Artikel *le* und *les* werden mit den → Präpositionen *à* und *de* zusammengezogen: *à + le = au; à + les = aux: aller **au** cinéma* (ins Kino gehen) (p. 30/29); *de + le = du; de + les = des: la chambre **des** parents* (das Zimmer der Eltern) (p. 24/21)

Aussagesatz
(la phrase déclarative). Ein Satz, der mit einem Punkt endet, wenn man ihn schreibt: *Ils habitent à Strasbourg.* (Sie wohnen in Straßburg.) Andere Satzarten sind der → Fragesatz und der Ausrufesatz. (p. 6/1)

Befehlsform → Imperativ

Begleiter
(le déterminant). Ein Wort, das Nomen näher bestimmt. Es gibt unterschiedliche Begleiter: den → bestimmten Artikel (z. B. ***la** mère*), den → unbestimmten Artikel (z. B. ***une** mère*), den → Possessivbegleiter (z. B. ***ma** mère*), den Fragebegleiter *quel* (z. B. ***Quelle** fille?*), den Demonstrativbegleiter (z. B. ***cet** ami*). (p. 9/4; p. 10/5; p. 18/13; p. 21/17; p. 30/30; p. 47/47)

Beugung → Konjugation

Demonstrativbegleiter *(le déterminant démonstratif)*, hinweisender Begleiter. Weist auf eine bestimmte Person oder Sache hin: ***ce** livre* (dieses Buch); ***cet** ordinateur* (dieser Computer); ***cette** fille* (dieses Mädchen). (p. 47/47)

Eigenschaftswort → Adjektiv

Einzahl → Singular

Endung
(la terminaison). Teil eines Wortes, das an den Stamm des Wortes angefügt wird: *les ami**s***, (Endung **-s** für den Plural), *elle est grand**e***. (Endung **-e** für die weibliche Form.) Bei Verben zeigt die Endung an, in welcher Person und Zeit ein Verb verwendet wird: *nous jou-**ons*** (wir spielen) → 1. Person Plural, Präsens.

Entscheidungsfrage
(l'interrogation totale). Eine Frage, auf die du mit ja oder nein antwortest: *Est-ce qu'on fait une balade? Oui./Non.* (Machen wir einen Ausflug? Ja./Nein.) (p. 28/28)

Ergänzung
(le complément). Ein Satzteil, der eine Ergänzung zum Verb darstellt. Es gibt unterschiedliche Ergänzungen: das → direkte Objekt, Ortsangaben.

feminin
(féminin), weiblich. → Genus

Fragebegleiter
(le déterminant interrogatif), auch Interrogativbegleiter genannt. Begleiter, mit dem du nähere Informationen zu einem Nomen erfragst. *Quel* wird dem Nomen angeglichen, vor dem es steht: ***Quel** est ton livre préféré?*; ***Quelle** table?* (p. 21/17)

Fragesatz
(une interrogation). Im Französischen gibt es mehrere Möglichkeiten einen Fragesatz zu bilden: die → Intonationsfrage (p. 6/1.2) die → Frage mit *est-ce que* (p. 28/28) und die → Frage mit Fragewort. (p. 12/7; p. 13/8; p. 20/16; p. 32/34; p. 33/35).

Fragewort
(le pronom interrogatif). Wort, das eine Frage einleitet: z. B. *qui?* (wer?), *que?* (was?), *pourquoi?* (warum?), *quand?* (wann?), *où?* (wo?). (p. 20/16; p. 21/18; p. 32/34)

Fürwort → Pronomen

futur composé
(zusammengesetzte Zukunft). Zeitform des Verbs, mit der man ausdrückt, dass eine Handlung in der Zukunft stattfinden wird. Sie wird aus einer konjugierten Form des Verbs ***aller*** und dem Infinitiv eines Verbs gebildet: *On **va aller** à Paris.* (Wir werden nach Paris fahren.) (p. 34/37; *Annexe*, p. 55/52.5)

Gegenwart → Präsens

Genus
(le genre), Geschlecht eines Wortes. Im Französischen gibt es nur zwei Geschlechter: männlich oder weiblich. Ein neutrales (sächliches) Geschlecht gibt es im Französischen nicht.

Geschlecht → Genus

Grundform des Verbs → Infinitiv

Hauptsatz
(la proposition principale). Ein Satz, der mindestens aus einem Subjekt und einem Verb besteht: *Noah parle.* Hauptsätze können – im Gegensatz zu Nebensätzen – alleine stehen.

Hauptwort → Nomen

Hilfsverb
(le verbe auxiliaire). *Avoir* und *être* sind Hilfsverben. Sie werden zur Bildung des → *passé composé* verwendet: *On **est** allé à la maison et on **a** surfé sur internet.* (Wir sind nach Hause gegangen und wir haben im Internet gesurft.) (p. 52/52.1)

Imperativ
(un impératif), Befehlsform. Mit den Imperativformen eines Verbs kannst du eine oder mehrere Personen auffordern, etwas zu tun: *Regarde! Regardons! Regardez!* (p. 14/10)

Infinitiv
(un infinitif), Grundform. Form eines Verbs, die zu keiner Person gehört (z. B. *jouer, attendre, faire*). In dieser Form findest du Verben im Wörterbuch. Den Infinitiv eines Verbs brauchst du zur Bildung des → *futur composé*. Der Infinitiv mit *pour* entspricht dem deutschen „um ... zu". (p. 48/48)

Intonation
(une intonation), Satzmelodie. Das Heben und Senken der Stimme im Satz. (p. 6/1)

Intonationsfrage
(une interrogation par intonation). Eine Frageform, die nur am Heben der Stimme am Satzende zu erkennen ist. (p. 6/1.2) In der Intonationsfrage mit nachgestelltem Fragewort steht das Fragewort am Ende des Satzes. (p. 6/1.3)

Inversionsfrage mit Fragewort und Nomen *(une interrogation par inversion avec pronom interrogatif)*. Frage, in der das Subjekt hinter dem Verb steht. Das Fragewort steht am Anfang der Frage, vor dem Verb: *Que fait Noah?* (Was macht Noah?) (p. 21/18)

Konjugation
(la conjugaison), Beugung. Anpassung eines Verbs an das Subjekt: *jouer* → *elle **joue***.

Konjunktion
(la conjonction), Bindewort. Ein Wort oder eine Wendung, mit denen du zwei Satzteile (*Paul **et** Pauline*) oder Sätze (*Marie aime la musique **et** Valentin aime le sport.*) verbinden kannst. Bisher kennst du die Konjunktionen, *et, ou, mais, parce que, comme* und *quand*.

Konsonant
(la consonne), Mitlaut (b, c, d, f, g ...)

männlich
(masculin). → Genus

maskulin
(masculin), männlich. → Genus

Mehrzahl → Plural

Mengenangaben
(le quantifiant). Im Französischen verwendest du nach Mengenangaben ***de***: *un kilo **de** farine* (ein Kilo Mehl), *beaucoup **de** farine* (viel Mehl). (p. 40/42; p. 43/44)

Mitlaut → Konsonant

Modalverb
(le verbe modal). *Pouvoir* und *vouloir* sind Modalverben. Auf Modalverben folgt ein anderes Verb im Infinitiv: *Elle **veut** chanter.* (Sie will singen.) (p. 27/26)

Nebensatz
(la proposition subordonnée). Ein Satz, der von einem Hauptsatz abhängig ist und nicht alleine stehen kann, z. B. ein Nebensatz mit *quand*. (p. 48/49)

Negation → Verneinung

Nomen
(le nom), Hauptwort. Ein Wort, das eine Person oder eine Sache bezeichnet und meistens einen Begleiter hat: *le **copain*** (der Freund), *ma **lampe*** (meine Lampe).

Numerus
(le nombre), die Zahl. → Singular oder → Plural.

Objekt, direktes
(le complément d'objet direct). Eine Ergänzung, die ohne Präposition direkt nach dem Verb steht: *J'aime* ***la musique.*** (Ich liebe Musik.) (p. 25/23)

Objekt, indirektes
(*le complément d'objet indirect*). Ergänzung, die mit der → Präposition *à* an das Verb angeschlossen wird: *Il parle* ***à son prof***. (Er spricht mit seinem Lehrer.) (p. 36/38)

Objektpronomen, direktes
(le pronom objet direct). Fürwort, mit dem ein direktes Objekt ersetzt werden kann: *On fait* ***le gâteau*** *ensemble.* → *On* ***le*** *fait ensemble.* (Wir backen den Kuchen gemeinsam. → Wir backen ihn gemeinsam.) (p. 44/45)

Personalpronomen
(le pronom personnel). Persönliche Fürworter (*je, tu, il, elle, on, nous, vous, ils, elles*) verwendest du vor konjugierten Verbformen. (p. 7/2)

Plural
(le pluriel), Mehrzahl. Die Mehrzahl eines Wortes wird durch seine Endung angezeigt, bei Nomen und Adjektiven meistens mit der Endung **-s**: *la bédé – les bédé****s****; grand – grand****s***. Der Plural der bestimmten Artikel *le* und *la* ist *les*, der Plural der unbestimmten Artikel *un* und *une* ist *des*.

Possessivbegleiter
(le déterminant possessif), besitzanzeigender Begleiter. Gibt den Besitz oder die Zugehörigkeit an: ***ma*** *chambre* (mein Zimmer), ***notre*** *appartement* (unsere Wohnung). (p. 18/13; p. 30/30)

Präposition
(la préposition), Verhältniswort. Zeigt zeitliche, räumliche und andere Beziehungen zwischen Personen oder Sachen an: ***après*** *l'école* (nach der Schule), ***dans*** *ma chambre* (in meinem Zimmer). (*Annexe*, p. 56/53)

Präsens
(le présent). Zeitform des Verbs, mit dem man Handlungen schildert, die in der Gegenwart stattfinden: *Elle* ***chante***. (Sie singt.)

Pronomen
(le pronom), Fürwort. Wörter, mit denen du Nomen oder Eigennamen ersetzen kannst. Es gibt unterschiedliche Pronomen: → Personalpronomen, → direkte Objektpronomen.

Satz
(la phrase). Besteht mindestens aus Subjekt und Verb. Es gibt unterschiedliche Arten von Sätzen: → Hauptsatz, → Nebensatz, → Aussagesatz, → Fragesatz, → Relativsatz.

Selbstlaut → Vokal

Singular
(le singulier), Einzahl. Singularformen gibt es bei Nomen, Verb, Adjektiv, Pronomen und Begleitern.

Stamm
(le radical). Ein Verb besteht aus einem Stamm und einer → Endung: *nous* ***parl****-ons* (wir sprechen).

Subjekt
(le sujet). Der Teil eines Satzes, über den etwas ausgesagt wird: ***Yasmine*** *est drôle*. Nach dem Subjekt fragst du mit „wer?" oder „was?".

Tätigkeitswort → Verb

Verb
(le verbe), Tätigkeitswort. Ein Verb besteht aus einem → Stamm und einer → Endung. Verben werden ihrem Subjekt angeglichen: *Lukas et Théo* ***jouent***. (Lukas und Théo spielen.) Es gibt regelmäßige Verben (z. B. *regarder, attendre*) und unregelmäßige Verben (z. B. *être, faire*).

Verhältniswort → Präposition

Verneinung
(la négation). Die französische Verneinung besteht aus zwei Teilen (z. B. *ne ... pas, ne ... plus, ne ... rien, ne ... jamais*). *Ne* steht vor dem Verb und *pas/plus/rien/jamais* dahinter: *Elle* ***ne*** *téléphone* ***pas***. (Sie telefoniert **nicht**.) *Elle* ***ne*** *téléphone* ***plus***. (Sie telefoniert **nicht mehr**.) (p. 26/24; p. 40/41)

Vokal
(la voyelle), Selbstlaut (a,e,i,o,u).

weiblich
(féminin). → Genus

Zukunft, zusammengesetzte → *futur proche*